EVELYN RUPPERTI | ARNOLD PÖSCHL

Von Klapotetz und Sauvignon

EVELYN RUPPERTI
Fotografiert von Arnold Pöschl

Von Klapotetz und Sauvignon

Genussgeschichten aus der Südsteiermark

styria regional

ISBN 978-3-7012-0060-3

Lektorat: Mag. Nicole Richter
Umschlag- und Buchgestaltung: designation – Jürgen Eixelsberger
Druck und Bindung: Gorenjski tisk storitve d.o.o.

styriabooks.at

Inhalt

Foto: privat

Die Autorin

Evelyn Rupperti, freie Autorin, Texterin und Marketingberaterin in Villach, streifte schon in ihrer Jugend am liebsten durch die großelterlichen Weingüter in Gamlitz. Daraus entstand eine besondere Nahebeziehung zum Wein. Von Evelyn Rupperti sind in der Verlagsgruppe Styria u. a. erschienen: „Wein in Friaul", „Friaul-Julisch Venetien", „Grado" und „Best of Kärnten".

Foto: Gerhard Maurer

Der Fotograf

Arnold Pöschl, geboren 1981 in Klagenfurt. Ausbildung an der Graphischen in Wien, Abschluss mit Auszeichnung 2008. Studium der Geschichte und Kulturwissenschaften in Graz, Bologna und Wien. Derzeit als freier Fotograf tätig. Für die Verlagsgruppe Styria fotografiert: „Der Kärntner Kulturführer".

Prolog

Es war einmal ein kleines Mädchen, das jedes Jahr, wenn die Schule ihre Tore schloss und das elterliche Gasthaus in einer kleinen, schmucken Stadt im Süden Österreichs von Sommergästen aus Deutschland und Holland gestürmt wurde, mit seinen beiden Geschwistern aufs Land geschickt wurde.
Die Eltern mussten Geld verdienen und hatten wenig Zeit, sich um die Kinder zu kümmern. Außerdem sollten sie nicht nur in der Stadt aufwachsen, sondern auch das Leben auf dem Land kennenlernen, aus dem die Eltern stammten und wo schließlich ihre eigenen Wurzeln lagen.
Das Land – das war die Steiermark, genauer gesagt die südliche Steiermark, und noch genauer gesagt ein kleiner Ort namens Gamlitz. Dort waren die Eltern des kleinen Mädchens zu Hause gewesen, bevor die Mutter ihre Mitgift und der Vater den Erbschaftsanteil einpackten und sich auf ein Motorrad schwangen, um sich auf den weiten, kurvigen Weg über das Massiv der Pack zu machen.

Jenseits des Passes zwischen der Steiermark und Kärnten, im schönen Villach, erstanden sie ein alteingesessenes Gasthaus, den Tostenwirt, und gaben ihm den Beinamen – oder war es dann der Hauptname? – „Südsteirische Weinstuben". Beide Elternteile kamen schließlich aus angesehenen Weinbauernfamilien, die mit dem feinen Rebensaft ihren Lebensunterhalt verdienten, und als rechte Kinder konnten sie sich ein Leben ganz ohne den edlen Tropfen nicht vorstellen. Ein schmuckes Gasthaus mit steirischen Weinen war da genau das Richtige für die geschäftstüchtige Rebschulbesitzer-Tochter und den geselligen Weinbauernsohn.
Die Städter kamen gerne und immer zahlreicher in das Gasthaus an der Drau, das für seine gute Küche sehr geschätzt wurde. Da gab es Schinken-Käse-Spieß und Backhendl, Weißwein aus der Steiermark, damals noch namenlos und meist aus dem Fass oder aus dem „Doppler". Dazu der eine oder andere Rote aus Südtirol (Magdalener Träne! Stierblut!), zur Wahl standen auch weißer oder roter Spritzer. Ausreichend für ein „Weinparadies" vor fünfzig Jahren.
Das kleine Mädchen und seine Geschwister verbrachten also jeden Sommer in der Steiermark bei den Großeltern. Einige Wochen am mütterlichen Heimathof, der eigentlich mehr Rebschule war, und einige Wochen etwas außerhalb des Ortes, in einer Gegend namens Steinbach in dem großen, herrschaftlichen Gut der Großeltern väterlicherseits. Dort wurden nicht nur Trauben für den Wein gezogen, sondern auch Äpfel, Birnen und Kirschen für vorzügliche Brände. Der riesige Stall war voll mit Kühen und Schweinen und hinter dem Hauptgebäude hatte die Großmutter ein eigenes, schneeweißes Haus für ihre ebenso schneeweißen Hühner errichten lassen, die unter Tags in ihrem Auslaufgelände nach Würmern kratzen durften und bis zum Morgen brav ihre Eier legten.
Vom Weinmachen selbst bekam das kleine Mädchen zunächst gar nicht so viel mit, doch fuhr es manchmal mit in die Weinberge, wo dann die Reben gegen Ungeziefer und Schimmelbefall gespritzt oder die überschüssigen Blätter und Trauben ausgeschnitten wur-

den. Nach getaner Arbeit wurde eine herzhafte Jause verzehrt, zu der natürlich ein kräftiger Schluck Wein gehörte.

Im Keller war des Sommers meist nicht viel zu tun – trotzdem schlich das kleine Mädchen immer wieder in die dunklen Gewölbe, denn es liebte den Geruch so sehr: feuchter Stein, altes Holz, junger Wein ... Es waren herrliche Sommer voller Abenteuer auf Apfelbäumen, Wiesen, Weiden und in Weingärten.

Doch je mehr das kleine Mädchen heranwuchs, desto mehr sehnte es sich danach, seine Zeit mit den Freundinnen in der Stadt zu verbringen – dort, wo alles toller war und moderner und schöner. Wo es Eiscreme in Eissalons gab und Geschäfte mit Nylonstrümpfen und der neuesten Mode. Und Kino natürlich, mehrere sogar. Und stattliche Häuser und so viele Straßen und Gassen, dass man sich verirrte, wenn man nicht aufpasste.
Das steirische 3000-Seelen-Örtchen aber war winzig, die einzigen Attraktionen waren die Trafik am kleinen, versteckten Platz am anderen Dorfende mit der neusten Ausgabe von Fix und Foxi und das „Kracherl" (Limonade!) von der kleinen Jausenstation, bei der Sopherl, gleich schräg gegenüber von der großelterlichen Rebschule.
Was bitter fehlte, war ein Schwimmbad. Zu Hause, in Kärnten, wartete an jeder Ecke ein Badesee auf kleine Wasserratten – aber hier? Der Gamlitzbach? Das überfüllte Freibad am Sulmsee, das ohnehin mangels Verkehrsverbindung unerreichbar war?
Das nun nicht mehr ganz so kleine Mädchen begann die Nase über die schäbigen Keuschlerhütten und Winzerhäuser zu rümpfen, die, je näher sie an der slowenischen Grenze gebaut waren, ein umso bescheideneres Dasein fristeten. Auch die Menschen waren von der Armut gezeichnet. Die schwer arbeitenden Bäuerinnen hüllten ihre wuchtigen Körper in unkleidsame, gemusterte Arbeitskittel, ihre Rücken waren gebeugt und die Lebensfreude erschöpft. Die Gesichter der Männer waren gezeichnet von Sorge, von Wind und

Wetter, und von so manchem Gläschen Wein, das helfen sollte, all das „Schwere“ zu vergessen.
Die Kinder in ihren abgetragenen Kleidern tuschelten über die jungen Besucher aus der Stadt und bestaunten ehrfürchtig deren modische, bunte Strümpfe und nagelneue Gewänder.
Irgendwann hörte es sich dann auf, mit den Sommern in Gamlitz, und das junge Mädchen war froh darüber. Auch war es mittlerweile alt genug, zu Hause mitanzupacken, das elterliche Gasthaus wurde immer größer und immer besser frequentiert. Und ihre freie Zeit verbrachte die junge Dame, wie sie es sich gewünscht hatte, mit Freundinnen an den warmen, sauberen Kärntner Badeseen. Das kleine, bescheidene Dorf in der südlichen Steiermark sah sie nur dann wieder, wenn alle paar Jahre jemand aus der Verwandtschaft einen großen Geburtstag zu feiern hatte oder zu Grabe getragen werden musste.
Viele Jahre vergingen, das Mädchen war erwachsen geworden, fand einen Mann zum Heiraten. Und siehe da: Als Geschenk eines Onkels, nicht aus Amerika, aber aus Gamlitz landete eine Einladung für ein „Wochenende im Weingartenhaus“ am hochzeitlichen Gabentisch.

Längst bin ich den Kinderschuhen entwachsen und, wie es oft kommt, längst reuig und bekehrt, wenn es darum geht, die Vorzüge des südsteirischen Weinlandes zu schätzen ... Sommerwochen am Bauernhof, Klettern in den Apfelbäumen, Jausenlieferung in die Weingärten, Abkühlen im Gamlitzbach – das war gestern. Heute locken verführerische Wochenenden in die zauberhaften Weinberge, die berückend schöne Landschaft, einladende Buschenschanken – und natürlich der Wein. Mit ihm hat alles begonnen, ohne ihn wäre die Südsteiermark nicht das, was sie heute ist.
In den drei Jahrzehnten, die ich nicht da war, ist Entscheidendes passiert. Es scheint, als hätte jemand einen Hahn geöffnet und die kleine Welt der südlichen Steiermark mit flüssigem Gold über-

gossen. Mit jenem, das sich in den Gläsern zeigt – bei einem herrlichen Sauvignon blanc, Welschriesling oder Morillon und wie sie alle heißen. (Kenner mögen mir den Enthusiasmus verzeihen, weil „goldgelb" manchmal „strohgelb" ist ...)

„Irgendwann" kam ein Impuls, der die hier ansässigen Weinbauern auf einem schmalen, anfangs beschwerlichen Pfad hin zum Erfolg geführt hat. Ein Rädchen griff ins andere, der Wein brachte Gäste ins Land, diese wollten speisen und nächtigen. Die Region begann aufzublühen und prächtig zu gedeihen.

Jetzt, so viele Jahre später, wo ich die Früchte dieser Metamorphose genießen darf, wollte ich es genauer wissen. Wer hat damals an welchem Rädchen gedreht – und wer tut es heute?
Begleiten Sie mich ins Land meiner Vorfahren – auf eine weinselige Entdeckungsreise durch eine Zeit, in der die Südsteiermark rund um Gamlitz zu dem wurde, was sie heute ist. Und auf eine mindestens ebenso spannende Reise zu einigen von jenen Menschen, die der Region und ihren Weinen in Zukunft den Stempel aufdrücken werden.

Geschichte(n) vom Wein

Pioniere der Vergangenheit

Der Wein unserer Vorväter war meist ein „gemischter Satz" aus Rieden, in denen unterschiedliche Rebsorten Wurzel an Wurzel gediehen — sortenreiner Wein war damals noch die Ausnahme.

Die Ahnen des Qualitätsbewusstseins

Der Hof, auf dem mein Vater als jüngstes Kind von fünf geboren wurde, ist der Pauljörglhof in Steinbach, heute den Weinliebhabern bekannt unter dem Qualitätsmarkennamen „Lackner-Tinnacher". Ein Vorzeigebetrieb erster Güte, Mitglied der steirischen Klassik- und Terroirbetriebe, kompromisslos in der Qualität und alljährlich ein Garant für Tropfen höchster Güte – aber darauf kommen wir später noch zu sprechen.

Zunächst werfen wir ein paar Blicke in die Vergangenheit, in jene Zeit, als in den Weinbergen noch Traminer, Welschriesling, Müller-Thurgau und so weiter friedlich vereint auf einer Riede wucherten und den lieben Gott einen guten Mann sein ließen. Sogar rote Sorten fristeten manchmal mittendrin, unter den hellen Verwandten, ihr Dasein.

Irgendwann kam dann der Bauer und befand, dass das Traubengut reif zum Ernten wäre. Die einen Beeren zwar wohl noch ein wenig grün, die anderen dafür schon ein wenig überständig, nun ja, die faulen könnte man wegwerfen ..., aber andererseits, eigentlich schade drum, ein bisschen Saft geben sie auch noch. Also wurde alles flugs, in einem Durchgang, geerntet und gepresst – und schon war der „gemischte Satz" im Keller.

Mit dem in jüngster Zeit wieder auferstandenen gemischten Satz, der besonders in Wien wieder Karriere macht, hatte das wenig zu tun, vielmehr mit minderer Qualität und erhöhtem Kopfwehrisiko, denn ausgebaut wurde damals süß, schwer, nicht durchgegoren also, mit jeder Menge Restzucker und verdächtigen Aromen, die der Kellermeister hinter geschlossenen Türen in seinen Wein zauberte.

Nur wenige wussten es damals schon besser – und nun kommt wieder der Pauljörglhof ins Spiel, denn der Pauljörgl-Bauer war ein gewisser Peter Dreisiebner, ein einflussreicher und weitblickender Mann, der außerdem der zweite Ehemann meiner Großmutter war, bevor er ohne eigene Nachkommen das Zeitliche segnete. (Immerhin hatte die Oma schon fünf Kinder aus erster Ehe, darunter meinen

Vater und den Onkel Franz Lackner, der das Gut später weiterführte.)
Rund um den legendären Peter Dreisiebner, mit dem ich zwar keinen Blutstropfen gemeinsam habe, der aber maßgeblich am Fortkommen des Hofes, der Gemeinde und der ganzen Region beteiligt war, ist Folgendes dokumentiert: Er experimentierte in den düstersten Zeiten bunt gemischter Weingeschichte mit sortenreinen Gewächsen und legte gar ein ganzes Quartier Sauvignon blanc an. Er war überzeugt davon, dass diese Rebsorte ideal war für das steirische Terroir – auch wenn der Begriff Terroir im heutigen Sinne noch gar nicht existierte.
Bis dahin war die Sorte lediglich im gemischten Satz aufgetaucht und diente als eine Art Geschmacksverstärker, doch der Dreisiebner hatte dem Sauvignon eine ganz andere Rolle zugedacht: er selektionierte die Rebe und machte sich daran, sie bewusst und gezielt zu vermehren. 1942 verzeichnete er fein säuberlich, mit blauer Tinte, in seinem Lesebericht 15 Hektoliter reinsten Sauvignon blanc!

Und bei aller Familien- oder, besser gesagt, „Hof"-Ehre – der Dreisiebner war nicht der einzige, der auf den Sauvignon setzte, auch der Josef Melcher, dessen Familie im Schloss Gamlitz residiert, war in Sachen Qualitätsoffensive einer der Pioniere.
Ein weiterer Vorreiter auf der Suche nach Qualitätswein war das Gräflich Stürgkh'sche Weingut in Klöch, ebenso das Landesweingut Schlossberg bei Leutschach.
Pionierarbeit leistete auch das Gut des Grafen Woracziczki in Langegg, wo schon in den 1930er-Jahren sortenreiner Muskat Sylvaner ausgebaut wurde. Der Czamillonberg zwischen Pössnitz und Glanz gehörte zu den gräflichen Weingütern, eine der besten Lagen der Südsteiermark, von dessen Weingärten noch heute bemerkenswerte Tropfen bis zurück zum Jahrgang 1947 erhältlich sind. Mittlerweile ist der Weingarten ins Tscheppe Weingut integriert, das wiederum Teil des Imperiums der Familie Polz ist. Die Tscheppes selbst sind in Sulztal anzutreffen, wo Katharina Tengler-Tscheppe ein beliebtes Gasthaus führt. Auch ihre Familie hat Weinbaugeschichte geschrieben, denn schon 1954 hat Eduard Tscheppe mit Reben-Hochkultur experimentiert.

Wie man sieht, gab es da einige, die sich mutig auf die Suche nach Qualitätswein begaben, und nicht alle von ihnen können hier angemessene Erwähnung finden. An einem aber kann niemand vorbei, der von steirischen Pionieren erzählen will – auch wenn man dazu etwas ausholen und den Blick weiter zurück in die Vergangenheit schweifen lassen muss.

Der Erzherzog, der steirische Wohltäter

Die Rede ist vom omnipräsenten Wohltäter aus dem Hause Habsburg, dessen Todestag sich im Jahr 2009 zum 150. Mal jährte, und der aus diesem Anlass wieder recht massiv in den Blickpunkt gerückt wurde – zu Recht, denn sein Wirkungsbereich war kraft seiner Stellung, seines Ansehens und seines Einflusses enorm und er gilt als der eigentliche Wegbereiter für das wirtschaftliche Gedeihen des Landes.

Für ein persönliches Gespräch ist er nicht mehr zu haben, der gute Erzherzog, doch ist sein umfangreiches Werk so gut dokumentiert und bezeugt, dass dies schon ganze Bücher gefüllt hat. Weil seine Person an sich, seine Visionen und sein Wirken für die Themen dieses Buches von besonderer Bedeutung sind, müssen wir die Grenzen des steirischen Hügellandes kurz überschreiten und den „Visionär" ein wenig näher betrachten:

Bei seiner Geburt war noch nicht abzusehen, dass Erzherzog Johann von Österreich aus dem Hause Habsburg einmal zu einem wichtigen Impulsgeber für die Steiermark werden würde, kam er doch 1782 im fernen Florenz zur Welt und erlernte erst als dritte Sprache Deutsch – nach Italienisch und Französisch.

Als er heranwuchs, wurde sein Interesse an den Alpenländern geweckt und so wurde er begeisterter Landwirt, Jäger, Bergsteiger und Weinbauer – und das alles neben seinen militärischen Aufgaben als Armeekommandant und Feldmarschall, im Zuge derer er Schlachten auszutragen hatte. Der Krieg war ihm jedoch nicht Leidenschaft, sondern nur Pflicht, und selbst mit dem Feind hatte er Mitgefühl, wie sein Tagebuch verrät: „Möchte doch das ewige Kriegen einmal enden; welche herrliche Welt, wenn die Menschen sich Gutes täten."

Besonders zu Tirol entwickelte er eine Nahbeziehung. Seine Frau war eine Bürgerliche, für die Ausseer Postmeisterstochter verzichtete der Erzherzog auf seine Thronansprüche und war bereit, jahrelang auf die kaiserliche Zustimmung zur Hochzeit zu warten, was allein schon seinen Mythos im Volk begründen könnte. Doch damit war es noch lange nicht getan, denn Johann ertrug es nicht, der Armut und dem Elend der Bevölkerung tatenlos zusehen.

Im Tiroler Volksaufstand gegen die Bayern unterstützte er Andreas Hofer, was er nach Aufdeckung der Verschwörung mit dem Ende seiner politischen Macht im Kaiserhaus bezahlen musste. Das Land Tirol selbst durfte er viele Jahre nicht mehr betreten. Schloss Thernberg in Niederösterreich wurde ihm zum Rückzugsort, seine intensivste Beziehung zur Steiermark entstand erst, als er nicht als kaiserliches Mitglied, sondern als Privatmann Unglaubliches bewegte und

Prozesse in Gang setzte, die heute noch ihre Auswirkungen haben. Seine umfassenden Meriten seien nur kurz erwähnt, aber so vielfältig sind seine Verdienste, dass man nicht darum herum kommt, will man diesem erstaunlichen Mann einigermaßen gerecht werden. So erfasste der Erzherzog das Land statistisch, erforschte und dokumentierte es (oder ließ dies durch Experten erledigen), erschloss Gebirge (nicht nur steirische!), gründete das „Joanneum" in Graz, damals Museum und Lehranstalt, weiters die Steirische Landesbibliothek, das Steiermärkische Landesarchiv und vieles mehr – vor allem aber die Steiermärkische Sparkasse, die die brachliegende Wirtschaft wieder ankurbeln sollte.

Er trug dazu bei, den Erzabbau am steirischen Erzberg zu modernisieren, erwarb selbst Kohlegruben und Blechfabrik, trat für den Ausbau der Eisenbahn ein und schien unermüdlich in seinem Schaffen und Streben. Dazu initiierte er 1819 die Steiermärkische Landwirtschaftsgesellschaft, deren Ziel es war, den verarmten Bauern den Zugang zu neuen Sorten, Anbau- und Verarbeitungsmethoden zu ermöglichen – die Vorgängerin der heutigen Landwirtschaftskammer also.

Womit wir uns wieder dem eigentlichen Thema, dem Weinbau, nähern: auch dieser war natürlich im Fokus des Erzherzogs, der sich mittlerweile in Stainz niedergelassen hatte. Nach dem kurzem Intermezzo als Reichsverweser eines, nur geplanten und nie verwirklichten, demokratischen, einheitlichen deutschen Nationalstaates wurde er im kleinen Stainz zum ersten frei gewählten Bürgermeister. Damit war zum ersten Mal in der Geschichte ein Mitglied des Kaiserhauses Vorsteher einer Marktgemeinde.

1823 kaufte er neben Weinbergen in Bozen und Stainz das Weingut Pickern bei Marburg, das als prinzliches Musterweingut die Voraussetzungen für einen Quantensprung im steirischen Weinbau schuf. Hier wurden als erstes neue Reben, viele aus dem Rheinischen, gezogen und erprobt, sowie an den Kellertechniken gearbeitet. Die besten Kellermeister der damaligen Zeit wurden zu Rate gezogen und, vor allem, wurden erstmals sortenreine Rebanlagen angepflanzt.

Die genaue Bestimmung der Rebsorten war dem steirischen Prinzen ein Anliegen, der moderne Weinbau in der Steiermark hat hier seine Wurzeln. Die Schädlingsbekämpfung – die Reblaus richtete bekanntlich katastrophale Schäden an –, der Wiederaufbau von Weingärten, aber auch die Ausbildung der Weinbauern waren für den fortschrittlichen Erzherzog wichtige Themen.

Was heute als „typisch steirisch" gilt, etwa Traminer, Welschriesling und Weißburgunder, sah mit dem Wirken des Erzherzogs zum ersten Mal südsteirischen Boden.

In Stainz erwarb der Erzherzog 1840 das ehemalige Augustiner-Chorherrenstift, das als weltliches Bauwerk unter „Schloss Stainz" bekannt ist und noch heute im Familienbesitz der Grafen von Meran ist. Es sind dies direkte Nachkommen des Erzherzogs, der im Schloss Schenna in Südtirol seine letzte Ruhestätte gefunden hat.

Es gibt allerdings eine weitere Annahme, wie die Rebsortenvielfalt in die Steiermark gekommen sein soll – nämlich durch französische Adelige, die auf der Flucht vor der französischen Revolution die Rebsorten mitgebracht haben. Nichtsdestotrotz, als die wahrscheinlichere Variante gilt die Einführung durch den „Weinwohltäter" Erzherzog Johann ...

Apropos Frankreich. Es gilt, das Geheimnis zu lüften, wie die steirischen Rebsorten überhaupt zu ihren Namen kamen! Die Franzosen hatten sich Anfang des 19. Jahrhunderts aufgrund ihrer kriegerischen Tätigkeit und den damit verursachten Hungersnöten und Verwüstungen in den Ländern der Monarchie nicht gerade beliebt gemacht. Alles, was auch nur im Entferntesten an sie erinnerte, war verpönt. Damit galt es als undenkbar, Rebsorten nach ihrer Manier zu benennen, und man kreierte neue Bezeichnungen: der Sauvignon blanc wurde zum Muskat Sylvaner, obwohl er weder mit dem Muskateller noch mit dem Sylvaner etwas zu tun hat – und schon gar nicht mit dem edlen, roten Cabernet Sauvignon.
Der Chardonnay mutierte zum Morillon und natürlich durfte es auch keinen Pinot gris geben – der wurde kurzerhand zum Ruländer, denn die heute übliche Bezeichnung Grauburgunder hätte damals allein wegen der Erwähnung des französischen Burgunds einigen Unmut erregt.
Allerdings, speziell den Morillon betreffend gibt es noch eine andere Theorie, die sich auf Dokumente der Weinbauschule Marburg, damals noch zu Österreich gehörig, begründen: Nachdem die Reblauskatastrophe auch die meisten steirischen Weingärten vernichtet hatte, sollen um 1900 einige steirische Weinbauern auf der Suche nach immunen Reben in die Champagne gepilgert und dort fündig geworden sein. Es handelte sich eine Chardonnay-Rebe aus dem Ort Morion, die in der Südsteiermark später als Morillon-Rebe bekannt wurde.
Während der Habsburgischen Monarchie hatte die Steiermark mit 34 999 Hektar das größte zusammenhängende Weinbaugebiet im gesamtdeutschen Sprachraum. Unglücklicherweise lag ein Großteil der Weinfläche, nämlich rund 26 000 Hektar, in der Untersteiermark, die nach dem Ersten Weltkrieg an das Königreich der Serben, Kroaten und Slowenen verlorenging, und damit zahlreiche Weingärten von österreichischen Weinbauern. Wie bescheiden nehmen sich da die mageren 8 000 Hektar an Weinbergen aus, die nach der gewaltsamen Teilung der Region übrig blieben!

Im Schloss Gamlitz

Kehren wir wieder nach Gamlitz zurück, zum Schloss, und zu den Melchers, die seit mehr als hundert Jahren das ehrwürdige Gebäude bewohnen.
Fritz ist der aktuelle Senior der Familie, der viel zu erzählen hat von vergangenen Zeiten, von den ersten Qualitätspionieren und vom langen Ringen um einen richtig guten Wein, das schon vor Generationen begonnen hat, und nicht erst mit dem Weinskandal, wie viele meinen mögen.
Aus seiner Familiengeschichte berichtet er, dass sie tüchtige Leute waren, die Leitners der mütterlichen Linie. Bis zu 27 Besitzungen hatten sie zusammengetragen, darunter ein umweltschonendes Dampfsägewerk, in dem aus Holzabfällen energieliefernder Dampf erzeugt wurde. Auch die Genossenschaft mit Sitz in Ehrenhausen wurde von ihnen gegründet. Viel vom Erworbenen haben sie später unter tragischen Umständen wieder verloren, wodurch das Schloss, das Josef Leitner 1904 gekauft hatte, verpfändet werden musste und erst ab 1909 als Eigentum der Familie verbrieft ist.
Beim Beginn allen Qualitätsstrebens hat neben Peter Dreisiebner, wie schon erwähnt, auch Josef Melcher Weitblick bewiesen. Der Altvordere des jetzigen Seniors hat damals schon eine 7000 Quadratmeter große Anlage mit reinem Sauvignon blanc kultiviert. Und noch einen Pionier nennt er, der maßgeblich am Fortkommen der edlen Rebe beteiligt war: Franz Strempfl von der Landesversuchsanlage Haidegg, deren Schwerpunkt nach wie vor die Züchtung von gesunden und stabilen Klonen ist. „Der Klon Nr. 1“, fügt der Melcher Fritz stolz hinzu, „deckt einen großen Prozentsatz der heutigen Sauvignon blancs der Steiermark ab – und die Anlage steht immer noch im Ertrag!“
Die alten Herren hatten also seinerzeit einen Riecher dafür, was sich längst als Erfolg bestätigt hat: Wenn ein Wein für die Steiermark stehen kann, dann ist es der Sauvignon blanc. Auch wenn dieser damals Muskat Sylvaner hieß!

Schloss und Landesausstellung

In sattem, warmem Gelb-Orange thront der barocke Bau über dem Ortszentrum — nicht sehr weit weg, nicht sehr hoch darüber, denn es ist ein Schloss zum Angreifen, nicht eines, das sich dem Bürgerlichen hochnäsig entzieht. Eines, das mittendrin steht im Leben. Andererorts würde man vielleicht gar nicht Schloss dazu sagen, aber immerhin ist es der letzte der einstigen Edelsitze rund um Gamlitz, der heute erhalten ist. Und wenn „Edle" ein stattliches Gebäude bewohnen, dann ist es eben ein „Schloss" ...

Ein kleines Detail am Rande zur kärntnerisch-steirischen Verbundenheit sei hier gestattet: Einst war der 1131 fertiggestellte Bau im Besitz des Herzogs Heinrich II. aus dem Geschlecht der Spanheimer. Dieser schenkte das Schloss dem Stift St. Paul im Lavanttal, dessen Gründer und Gönner wiederum die Spanheimer waren. (Ob es der Gamlitzer Messwein war, nach dem den Benediktinermönchen jenseits der Pack gelüstete?) Der steirische Besitz wurde von den Äbten von St. Paul als Sommerresidenz geschätzt.

Die heutigen Bewohner weisen zwar keine adelige Ahnentafel auf, aber Schlossherren sind sie allemal — und tüchtige noch dazu! Seit der Zeit um 1900 führen die Leitners beziehungsweise Melchers das schmucke Anwesen und haben es zu einer wichtigen kulturellen, gastronomischen und önologischen Anlaufstelle geformt, das den vielfältigen Funktionen souverän gerecht wird. Es ist ein Weingut und ein Buschenschank feinster Güte, ein Eldorado für Heiratswillige, ein Urlaubsdomizil mit stilvollen Schlosszimmern für Erholungsbedürftige, ein Kulturzentrum, das seit Jahren dem beliebten „Summertimeblues" einen würdigen Rahmen bietet und sich auch als Galerie einen Namen gemacht hat. Und nicht zuletzt beherbergt es ein Museum, das sich ganz dem Wein und dem Weinbau verschrieben hat.

Ein Höhepunkt in der Chronik des Schlosses war sicher das Jahr 1990, als hier das Zentrum der Steirischen Landesausstellung zum Thema „Weinkultur" eingerichtet wurde. Während anderswo derartige Ausstellungen wie Sternschnuppen verglühten und außer einem kurzen,

intensiven Besucherstrom nur leere Hallen und unerfüllte Hoffnungen hinterließen, hatten die Gamlitzer mehr Glück. Zur Veranstaltung selbst kamen 270 000 Besucher, was sie zu einer der erfolgreichsten in der „Hitparade" aller österreichischen (und steirischen) Landesausstellungen adelte.

Noch eindrucksvoller waren die Langzeitwirkungen, denn seit damals hat die Marktgemeinde Gamlitz beim Thema „Wein und Weinkultur" nicht mehr locker gelassen und den Impuls gewinnträchtig und erfolgreich zu nutzen verstanden. Im Anschluss an das Großereignis wurde in einigen Räumen des Schlosses ein ansprechendes Museum eingerichtet. Anschaulich spannt es den Informationsbogen von den Römern, dem allgegenwärtigen Wohltäter des steirischen Weinbaus, Erzherzog Johann, über den Rebsortenatlas von Hermann und Rudolf Goethe, die gefürchtete Reblaus bis hin zur Skizzierung des steirischen Weges von 1945 bis 2005. Wer abschließend direkt zur Praxis des Weinmachens übergehen möchte, der beendet den Museumsbesuch, vergnüglich und genüsslich, im 450-jährigen Schlosskeller und kann dort natürlich die edlen Ergebnisse verkosten.

Schloss Gamlitz
Familie Melcher
Tel. 03453/3453
www.melcher.at

Aufbruch in die Zukunft

Schon Jahre vor dem „Weinskandal" hatten sich in der Südsteiermark couragierte Weinbauern auf die Suche nach dem „neuen" Wein begeben.

Ein Trupp Burschen mit Träumen

Die 1960er-Jahre – eine Zeit, in der alles noch recht bescheiden war im Gebiet um Gamlitz. Graz war weit weg, die Verkehrsverbindungen schlecht. So mancher Bauernhof hatte mit miserablen Transportwegen zu kämpfen und war schon allein deswegen in seinem Fortkommen beeinträchtigt.

Der Handel mit billigem Wein und Traubenmaterial aus dem Burgenland war verbreiteter als der lokale Weinanbau, und über die Güte des damals gängigen Trankes sollte man gnädig einen Mantel des Schweigens breiten.

Es gab nur wenige Ausnahmen, die bereits ehrliche Tropfen kelterten, darunter die Herren Tement und Tscheppe – und einer, der erst später zugewandert war und allerhand aus der großen, weiten Welt des Weins mitbrachte: ein gewisser Willi Sattler.

Willi senior war gebürtiger Klosterneuburger, von Beruf Önologe, der für die Genossenschaft Dürnstein arbeitete und viel in den Weinkellern dieser Erde herumkam. Wie es oft in Familiengeschichten vorkommt, veranlasste ihn ein Unglücksfall, den Hof der Schwiegereltern in Gamlitz zu übernehmen. Hof ist wohl zu viel gesagt, denn eigentlich war es nichts anderes als eine Bruchbude mit „Rauchkuchl", dafür ohne Wasser.

Man musste schon starke Visionen in sich tragen, um den Schritt zu wagen, den der Senior-Sattler damals setzte. Er investierte all sein Geld und begann sein Leben aufzuteilen zwischen der einträglichen Arbeit und dem geldverschlingenden Hof. Er glaubte an die Chancen und Möglichkeiten, die dieses Stückchen Erde für einen ambitionierten Weinbauern, zu dem er sich nun Schritt für Schritt entwickelte, bereithalten konnte. Bis Ende der sechziger Jahre hatte Willi Sattler senior es geschafft – er gab seine Arbeit als Önologe auf und wurde endgültig hauptberuflicher Weinbauer.

Seine Weine sorgten für Aufregung in der Weinszene, der durchschnittliche Weintrinker hat sie nicht „verstanden", kaum einer wollte sie haben. Der gängige Geschmack verlangte nach Weinen,

die vor zugesetztem Zucker nur so strotzten, die süß waren und schwer. Die Sattler-Weine waren das genaue Gegenteil davon – durchgegoren und schlank. Zu grün, zu sauer für manchen Gaumen von anno dazumal. Doch allmählich, ganz langsam, begann den Einheimischen aufzufallen, dass immer mehr Fremde kamen und sich nach dem Weg zum Sattler erkundigten, um dort Wein zu kaufen. Es war kaum zu glauben – für „so einen Wein" reisten Kunden eigens nach Gamlitz!
Der Sattler Willi ließ nicht mehr locker: Von Anfang an wurde betrieben, was man heute professionelles Marketing nennt – man hat den Kundenstamm gepflegt, regelmäßig die Preislisten verschickt, und abgefüllt wurde nur in die „feinen" 7/10-Flaschen, die berühmtberüchtigten Zweiliterflaschen, die Doppler, gab es nur mehr für die Gastronomie, die als Kundschaft aber bei Weitem nicht so geschätzt wurde wie die privaten Abnehmer, war das Geschäft doch ein reichlich undankbares.
27 Schilling kostete damals die Bouteille ab Hof, und als ein Tiroler Weinhändler begann, für denselben Wein 75 Schilling zu verlangen, begann man im Hause Sattler zu verstehen, dass der Markt bereit war, wesentlich mehr für ein Flascherl von ihrem sauberen, guten Tropfen auszugeben.

Bald schon stand die nächste Generation bereit, das Ringen um den Wein fortzusetzen. Nicht nur Willi Sattler junior vom Sattlerhof in Sernau, der heute noch an der Spitze der südsteirischen Qualitätspyramide steht, machte sich auf den Weg, auch die Kinder anderer Weinbauern waren wild entschlossen, ihre Zukunft anzupacken.

So geschehen bei den Polz, hoch oben am Grassnitzberg. Eine Familie unter vielen, die unter den widrigen Bedingungen und den äußerst bescheidenen Lebensverhältnissen der damaligen Zeit zu leiden hatten.

Genau jene Familie, an der heute in der Südsteiermark niemand mehr vorbeikommt und deren Name ein Synonym für unternehmerische Schaffenskraft geworden ist – von den Vorzügen ihrer Weine ganz abgesehen.

Am Grassnitzberg erschloss erst 1962 eine befestigte Straße die Zufahrt zum Hof, davor versank der Fußweg nach jedem heftigen Regen in Schlamm und Dreck und schnitt das Anwesen von der Umwelt ab.

Seit 1912 bewirtschaftete die Familie Polz den Hof, zunächst noch, wie allseits üblich, in gemischter Landwirtschaft. Nach dem Zweiten Weltkrieg verlegte sich der Schwerpunkt auf Obst und Wein – wobei der Weinbau auf wenige Hektar beschränkt war. Ertragreicher war da schon der Handel mit zugekauften Trauben aus dem Burgenland und aus Niederösterreich.

Richtung Süden war für die am Grassnitzberg Ansässigen die Welt zu Ende, dort begann die abgeschirmte Welt des Ostblocks. Als einzig zugänglicher Markt blieb somit das ferne Graz. Zum Glück war die Eisenbahn in Spielfeld nicht weit, und so wurde die Bahn zur Lebensader. Sechs Geschwister wuchsen hier auf, alle bekamen von den vorausblickenden Eltern eine gute Ausbildung, den bescheidenen Verhältnissen zum Trotz. Erich und Walter repräsentieren heute für die Öffentlichkeit die Spitze eines Familienimperiums, in dem fast alle Polz'schen Familienmitglieder ihr Betätigungsfeld gefunden haben, sei es in den Weingütern, dem Buschenschank, den Hotels, der Vinofaktur und so weiter – groß genug ist das Polz-Reich ja mittlerweile!

Den Grundstein zum Erfolg hat sicher die Frau Mama gelegt, die rüstige Johanna, die schon damals die Bedeutung eines funktionierenden Netzwerkes erkannt hat.

Ihre Söhne bekamen in der landwirtschaftlichen Handelschule in Graz und danach in der Weinbauschule Silberberg die Chance, sich Verbindungen aufzubauen, die ein Leben lang halten sollten.
Anfang der achtziger Jahre stand dann die jüngere Polz-Generation in den Startlöchern – und durch die väterliche Weitsicht, die Söhne durch eine feste Anstellung von allfälligen Existenzängsten zu befreien, konnten sich diese ungehindert zu neuen Ufern aufmachen. „Raus aus dem Armenhaus", lautete die Devise. Die Fahrkarte ins bessere Leben war der Wein, aber es lag noch ein steiniger Weg vor den jungen Visionären.
Alois Gross war ebenfalls einer dieser Suchenden. Das Gross'sche Anwesen am heute so geschätzten Ratscher Nussberg war früher, wie die meisten Höfe, eine gemischte Landwirtschaft, aber schon die Eltern bauten Wein an und aus und verkauften ihn im eigenen Buschenschank. 1967 wurden Futtersilos für die Kühe gebaut, zwei Jahre später war das Vieh weg und die Entscheidung zugunsten des Wein- und den Obstbaus endgültig gefallen.
Ein Weingarten mit gemischtem Satz hielt sich bei Gross bis 1997, bis die alten Rebstöcke mit ihren gut 60 Jahren endgültig die Produktion und den „Geist" aufgaben.

Heute wächst der begehrte Edeltropfen auf 40 Hektar, zu ihnen gehören die besten Lagen der Südsteiermark, wie eben der Nussberg, der Kittenberg bei Flamberg und der Hochkittenberg. Und schon ist die nächste Generation am Ruder: die Söhne Hannes und Michael hatten es etwas leichter, Erfahrungen im Ausland zu sammeln als noch ihr Vater, für den es nicht einmal selbstverständlich war, bis in die Wachau vorzudringen, um herauszufinden, was andere Weinbauern mit ihrem Wein machten.
Gross, Sattler, die Polz-Brüder – nun fehlt nur noch ein fixes Mitglied jener verschworenen Gemeinschaft, die anfing, neue Wege einzuschlagen: Manfred Tement. Sein Vater Josef, der anfangs vom Karmeliterorden die Weingärten in Zieregg gepachtet hatte und sich später selbstständig machte, verstarb 1976, als Manfred gerade erst 16 Jahre alt war. Aber immerhin saß dieser auf einer der besten Lagen weit und breit – und was er daraus gemacht hat, ist beachtlich. Heute ist das Weingut Tement das einzige Weingut der Südsteiermark, dem Falstaff fünf Sterne zuerkennt – was sicher nicht nur mit der Qualität der Lagen und der Weine, sondern auch mit dessen internationaler Anerkennung, der enormen Marketingkraft und der für südsteirische Verhältnisse außerordentlichen Größe zu tun hat.

All diese Namen lassen aufhorchen, und wohl nicht nur jene Menschen, die mit der südsteirischen Weinszene bestens vertraut sind.

Die heute ganz Großen, die Qualitätsleuchttürme der Gegenwart, die Eckpfeiler der Steirischen Klassik- und Terroirweingüter schon in den Sturm- und Drangzeiten vereint?
Tatsächlich! Es war die Keimzelle des neuen, echten und ehrlichen Weines, eine Gemeinschaft Suchender, zu der natürlich auch noch andere stießen. Es wurde getrunken, verkostet, und bewertet. Und – welch revolutionärer Schritt – man öffnete die Kellertüren, diskutierte Ausbaumethoden und Weingartenpflege und brach mit der Sitte, verschämt hinter verschlossenen Kellertüren allerlei Geheimnisse in den Wein hineinzuzaubern, die die Natur so nicht vorgesehen hatte.

Im Tement'schen Buschenschank begannen die Weinmacher zu verstehen, dass trockener Wein trink- und genießbar war. Was in unseren Ohren absurd klingt, war damals gang und gäbe: üppig und süß sollte er sein, dafür wurden fehlerhafter Geschmack und quälender Kopfschmerz am Tag danach als gottgegeben in Kauf genommen.

Was folgte, war der eine oder andere Blick über die eigenen Gemeinde- und Landesgrenzen hinaus. Weine aus der Wachau und dem Donautal, wo Winzer wie Prager und Jamek mit den ersten Steinfeder-Versuchen begannen, wurden in die Erkundungen und Verkostungen einbezogen, ebenso die nahen Friulaner, schließlich die Weine aus der Toskana, dem Piemont und dem Mutterland der Weinkultur, Frankreich.

Weil man sich große Reisen nicht leisten konnte und Praxisaufenthalte noch nicht üblich waren, zelebrierte man eben große Weinproben. Erst später folgten Weinexkursionen in die führenden Weinregionen dieser Welt, wurden neue Technologien erkundet und auf die eigenen Betriebe umgelegt, was brauchbar und segensreich erschien.

Bereits vor dem „Weinskandal" 1985 gab es in der Steiermark die neuen, eigenen Weine, die nichts mit dem zu tun hatten, was früher aus den steirischen Kellern gekommen war. Ab 1981/82 harrten die „modernen" Tropfen der Anerkennung, nur leider fehlte dazu etwas Entscheidendes: das ebenso moderne, aufgeschlossene Publikum, das diese Qualität zu schätzen wusste und das auch bereit war, dafür ein paar Groschen mehr auf den Tisch zu legen.

In Alois Gross lebt heute noch die schmerzhafte Erinnerung an damals, als es üblich war, dass die Kunden am Hof vorfuhren, sich das Leergebinde aus dem Kofferraum heben und dafür eine neue Kiste hineinstellen ließen. Das allein wäre an und für sich nicht schmerzhaft gewesen ... Nur, dass er die volle Weinkiste wieder aus dem Auto hieven musste, weil die Kundschaft sich weigerte, einen um 2 Schilling erhöhten Preis zu bezahlen, war vor allem für Vater Gross eine niederschmetternde Erkenntnis, die erst verdaut werden musste. Aber aufgeben kam auch in diesen harten Zeiten nicht in Frage, und ab 1985/86 begann schließlich das Preisniveau leicht zu steigen – als der so genannte Weinskandal einer neuen Klientel verdeutlicht hatte, dass eine andere Weinära angebrochen war, und zwar mit Produkten, die ihren Preis wert waren.

Der Weinskandal selbst war „wie ein reinigendes Gewitter", so nennt es der Alois Gross.

Keine Rede davon, dass erst die aufgeflogene Glykolpanscherei den Qualitätsschub ausgelöst hatte, denn der Höhenflug in neue Weinsphären hatte nicht nur in der Südsteiermark und in der Wachau schon begonnen und bereits bemerkenswerte Ergebnisse gebracht. Wie sonst hätte, so kurz nach den unrühmlichen Aufdeckungen, die Liga der neuen Weine bereits parat stehen können?

Der Glykolskandal

Vor 25 Jahren kam Österreich mit dem „Frostschutz-Wein" von Tokio bis New York in die internationalen Schlagzeilen, was den heimischen Wein schlagartig aus den Regalen und von den Weinkarten verschwinden ließ. Was war geschehen?
Im Burgenland fanden – durch eine anonyme Anzeige auf den Plan gerufene – Kontrolleure des Lebensmittelministeriums in Prädikatsweinen Diethylenglykol – eine Substanz, mit deren Hilfe Frostschutzmittel hergestellt wird und die ab 40 Milligramm/Liter tödlich sein kann. Darüber hinaus gerieten unvorsichtige Winzer unter Verdacht, als sie große Mengen Frostschutzmittel steuerlich geltend machen wollten. Eine Lawine kam ins Rollen, der Skandal geriet zum ausgewachsenen Kriminalfall, der in großen Weinpanscher-Prozessen in Eisenstadt und Krems aufgearbeitet wurde. Dreihundertfünfundzwanzig Betriebe wurden angezeigt, mehr als zwanzig Personen wegen schweren gewerbsmäßigen Betruges anzeigt, einer der Verurteilten suchte gar den Freitod.
Auch in Deutschland stieß man auf gepanschte Weine – dort hatte man deutschen Wein mit österreichischem Glykolwein gestreckt.

Vier Millionen Flaschen wurden beschlagnahmt, das Bundesgesundheitsministerium der Bundesrepublik Deutschland erließ eine Warnung vor österreichischem Wein, Belgien verbot ihn überhaupt gänzlich. In den USA verschwanden alle österreichischen Weine aus den Regalen, weil es die überforderten österreichischen Behörden verabsäumt hatten, eine Liste der Glykolweine zu veröffentlichen, die den sauberen Bestand hätte schützen können. Sogar die Australier kamen zum Handkuss, weil das Land mit „Austria" verwechselt wurde.

Inzwischen wurden auch in Italien Fälle von Panscherei öffentlich – dort wurde sogar mit dem gefährlichen Methanol gearbeitet, was neunzehn Menschen das Leben und fünfzehn weiteren das Augenlicht kostete. Der österreichische Wein war wegen der niedrigen Konzentration des harmloseren Diethylens in keinem einzigen Fall gesundheitsbedrohlich. Mit einiger Erfahrung in Sachen Lebensmittelskandale und mit südländischer Nonchalance wurde in Italien vieles hübsch unter den Teppich gekehrt, während in Österreich die Kommunikation in die falsche Richtung lief und die Affäre noch schlimmer gezeichnet wurde, als sie ohnehin war. Resultat: Höchststrafe für den österreichischen Wein – weltweit.

Der „Skandal" wurde ein Kahlschlag von apokalyptischen Ausmaßen. Der Export rasselte von knapp 48 Millionen Liter auf ganze 4, der Ruf im Ausland war auf Jahre ruiniert und viele Winzer und Händler, beteiligt oder nicht, schuldig oder nicht, schlitterten in den Konkurs.

Soviel zur unerfreulichen Seite der Krise. Für das Positive daran nehmen wir Anleihe im Japanischen, das für Krise und Chance ein und dasselbe Schriftzeichen verwendet. Und die Chance war da: eines der strengsten und auch am strengsten kontrollierten Weingesetze der Welt sollte Österreich das Vertrauen wieder zurückbringen. Der Preisverfall leitete gleichzeitig einen Strukturwandel bei den Winzern ein. Zahlreiche kleine Nebenerwerbsbauern verkauften ihre Weingärten an größere Winzer, die wiederum ihre Produktion an hochwertigen Weinen steigern konnten.

Ein Glücksfall, dass die Konsumenten mitzogen, ohne sie wären selbst die ambitioniertesten Winzer mit ihren Vorhaben gescheitert.

Das Ende der Doppler-Ära war gekommen, mit einem Schlag war der Markt bereit, mehr Geld für besseren Wein zu berappen.
Auch über die Steiermark, obwohl der Panscherei nicht für schuldig befunden, donnerte diese Lawine des Umbruchs mit aller Wucht hinweg – und fegte das Terrain frei für die neuen Weine der südsteirischen Pioniere, die plötzlich von Spitzengastronomie und Fachhandel gefragt waren. Alle verlegen um saubere, gute Weine.
Bis zum Jahr 1990 hatte sich der neue Wein manifestiert, süß war out, trocken war in – es kam schließlich zum internationalen Durchbruch, an dem man beharrlich seit Jahren gearbeitet hatte.
Auf der „Vinitaly“ in Verona, die als unverzichtbare Weinmesse schon seit 1987 auf dem Marketingplan der südsteirischen Weinbauern stand, erregten die Steirer helles Aufsehen, als sie mit Rollrasen und einem originellen Klapotetz anrückten, um ihren Stand zu dekorieren. Die Aufmerksamkeit der Fachwelt war ihnen sicher, auch was den Wein betraf. Wenn ihn auch so mancher italienischer Meister als zu grün und zu sauer empfand.
Wie viel Aufwand die steirischen Paradewinzer beim Präsentieren ihres Weinstils betrieben, wird anhand folgender Zahlen deutlich: allein am Gross'schen Gut wurden 10 % des produzierten Traubensaftes fürs Verkosten investiert – und das in Zeiten, als jeder Schilling zweimal umgedreht werden musste. Aber für den Aufbruch aus der Steinzeit in die lichte Zukunft des steirischen Weines war eben nichts zu teuer und jedes Mittel recht, auch wenn es schwer auf die Tasche schlug.

Weine, Lagen und Terroir

Charakteristisch ist die Vielfalt an Rebsorten, die meist auf steilen Hanglagen wachsen und die ihre Raffinesse dem Spannungsfeld zwischen feuchtwarmen Tagen und kühlen Nächten verdanken.

Das südsteirische Weinland

Von Spielfeld über Ehrenhausen nach Gamlitz und weiter in den Westen nach Leutschach und Arnfels, in den Norden über Kitzeck bis Wildon ziehen sich die Weinberge des südsteirischen Weinlandes – des südlichsten aller österreichischen Weinbaugebiete. Das wirtschaftliche Fundament der Region sind an die 2340 Hektar Weingärten, die von etwa 950 Weinbauern bewirtschaftet werden.

Das Klima ist feuchtwarm und mediterran, dabei setzen die kühlen Nächte wichtige Akzente bei der Entwicklung von Nuancenreichtum und Raffinesse der Weißweinsorten.

Die oft steilen Hanglagen schaffen den ganz speziellen Reiz der Hügellandschaft – für den Weinbauern bedeutet es allerdings eine oft nicht ungefährliche Schwerarbeit, die viel händischen Einsatz erfordert. Die Böden sind von unterschiedlicher Qualität, man trifft auf Sand, Schiefer, Mergel und Muschelkalk. Sie lassen Niederschläge schnell tiefer in den Boden abfließen und bieten so ideale Bedingungen für den Weinbau.

Zwei Weinstraßen – die berühmte „Mutter aller Weinstraßen“, die Südsteirische Weinstraße, und die Sausaler Weinstraße – kennzeichnen die am intensivsten touristisch aufbereiteten Wege des Weines durch das landschaftlich reizvolle Gebiet, dem Pappeln und Kastanienbäume, Klapotetz und Kellerstöckel den Stempel aufdrücken. Nicht zu vergessen die „Klapotetzstraße“, die durch das Rebenland und die Gemeinde Eichberg-Trautenburg führt!

Bis auf eine Seehöhe von 564 Meter wird der Wein angebaut, und auch die höchste Weinbaugemeinde Österreichs ist hier zu finden: es ist Kitzeck, das auch den Titel der „steilsten Weingärten Österreichs“ für sich beanspruchen kann. Die Namen von berühmten Lagen wie Nussberg, Czamillonberg, Grassnitzberg, Kittenberg, Zieregg, Kranachberg und vielen mehr stehen heute für Top-Weine, die auch auf dem internationalen Parkett eine hervorragende Figur machen.

Mit dem knackig-frischen Welschriesling als beliebtem Jausen- und Buschenschankwein hat die Region Karriere gemacht, inzwischen

hat ihm der edlere Sauvignon auch mengenmäßig den Rang abgelaufen, und gemeinsam mit den Burgundersorten und dem Muskateller ist er für einen willkommenen Imagewandel ebenso gut. Bereits auf knapp 20 % der Weingärten wächst der Sauvignon blanc, das unangefochtene Flaggschiff der Region, nur wenig dahinter der Welschriesling, der zur Südsteiermark gehört wie der Champagner nach Reims. Die Burgundersorten Chardonnay/Morillon und Weißburgunder okkupieren 15 % der Rebfläche, der Müller-Thurgau 9 %, genau so viel wie der Zweigelt, der damit der verbreitetste von den insgesamt eher seltenen roten Sorten ist.

Die große Vielfalt ist charakteristisch für die Südsteiermark – fast jeder Weinbauer hat eine stattliche Anzahl von Sorten in seinem Repertoire, auch wenn der Trend dahin geht, sich auf wenige Leitsorten zu konzentrieren. Fast alle Weißweine werden reinsortig ausgebaut, nur wenige erreichen als Cuvées den Konsumenten – der berühmteste und beliebteste dabei ist der „Junker“.

Kaum ein Weinbauer, der seine Produkte nicht in einer Klassik-Linie im Stahltank ausbaut, die sich fruchtig und eben „typisch steirisch“

präsentiert, und daneben in einer Lagen-Linie aus besonderen Rieden und Lesen, die meist im großen Holz, manchmal auch im kleinen Holz reifen. Diese „Lagenweine", die auch „Lagerweine" sind und oft enormes Reifepotenzial haben, bestehen zumeist aus Burgundersorten und Sauvignon blanc – und sie sind der ganze Stolz des Weinbauern.
Nur leider erlebt kaum einer dieser Weine seinen optimalen Reifepunkt, denn – Hand aufs Herz – welcher durchschnittliche Weinliebhaber verbindet steirischen Wein nicht mit unverzüglicher Trinkfreude nach dem Motto „Aufreißen, reinbeißen?" Da liegt noch ein langer Weg vor den Winzern, die einerseits ihre Kunden zufriedenstellen wollen, andererseits aber maßgeblich an dem Meinungsbildungsprozess mitarbeiten müssen, der den steirischen Vorzeigeweinen den ihnen gebührenden Alterungsprozess zugesteht.
Fünf bis zehn Jahre kann man einem Top-Lagenwein im Keller Zeit lassen, bevor er mit dem optimalen Trinkgenuss aufwartet. In der Realität überlebt aber kaum ein steirischer Tropfen mehr als zwei Jahre, bevor er dem Gaumen geopfert wird.
Hier also der Aufruf an alle Weingenießer und Steirermarkliebhaber: Gebt dem Lagenwein eine Chance, in Würde zu altern! In der Zwischenzeit gibt es mit der „Steirischen Klassik" einen idealen Seelentröster, der die Wartezeit schmackhaft verkürzt.

Die Weine der Südsteiermark

In Weiß

Welschriesling

Er hat den Riesling im Namen und ist doch nicht verwandt mit seinem noblen Namensvetter. Der Welschriesling findet seine Fans als beliebter Buschenschankwein und genialer Begleiter zur Jause und deftigen Speisen. Er stammt vermutlich aus Norditalien, wo er als Riesling Italico bekannt ist.

Als typischer Vertreter seiner Art sollte er nach Äpfeln erinnern, an grüne womöglich, dazu ein Hauch von Zitrus: fruchtig also, frisch und mit reschen, feinwürzigen Geschmacksnoten einer lebendigen, aber harmonischen Säure.
Schlechte Jahre und Lagen lassen ihn als minderwertigen und dünnen Säuerling daher kommen, aber zur Freude des Weinbauern besticht er mit hohen und regelmäßigen Erträgen.
Meist wird er trocken durchgegoren und als unkomplizierter Jausenbegleiter und leichter Sommerwein schnell ausgetrunken, kann aber in guten Jahren und von ebensolchen Lagen einen lagerfähigen und komplexen Prädikatswein abgeben, der mit cremigem Duft und Aromen nach weißem Pfeffer und Trockenfrucht besticht. Eignet sich auch bestens als Basiswein für Sekt.
Seine Farbe ist zartgrün, beim Altern zum gelbgrün tendierend.

Weißburgunder

Pinot blanc, Klevner, Pinot bianco
Mit ihm stellen sich die Steirer einem internationalen Wettbewerb, wird das jüngste Produkt der weitläufigen Familie der Burgundersorten doch weltweit angebaut.
Er liefert hochwertige Weine von meist mittlerem Alkoholgehalt. Vom Aroma her eher dezent, kann er wie sein „grauer" Verwandter, der Grauburgunder, sehr körperreich werden. Sein zurückhaltendes Bukett prädestiniert ihn zum beliebten Partner in Cuvées, auch im kleinen Eichenfass wird er gerne vinifiziert.
Birnen, Ringlotten und gelbe Äpfel lassen grüßen, feine Nuss-, speziell Walnussaromen sind für ihn vor allem bei älteren Jahrgängen typisch. Die noble Finesse der Sorte hat ihr einen gesteigerten Beliebtheitsgrad eingetragen, sie ist zur Zeit sehr gefragt und wird besonders als vielfältiger Speisenbegleiter geschätzt. Weißburgunder schmeckt köstlich zu Meeresfrüchten, Schweinefleisch und Eierspeisen.

Sauvignon blanc

Sauvignon fumé, Sciampagna
Er zählt international zu den Top-Sorten, und ist die südsteirische Spezialität. Österreichweit findet diese Sorte in der Steiermark ihre größte Verbreitung. Entstanden ist der Sauvignon blanc vermutlich aus einer Kreuzung zwischen Traminer und dem Chenin blanc. Je nach Ausbaustil und Reifegrad des Traubengutes kann diese Sorte eine große geschmackliche Bandbreite erreichen.
In der Ausbauweise der „Steirischen Klassik" kommen Holunder- und Akazienblüten, Johannisbeeren und Stachelbeeren, Zitronenmelisse, Paprika oder Brennnesseln zum Ausdruck, aber auch exotische Früchte.
Mehr zum Thema Sauvignon unter dem ihm eigens gewidmeten Kapitel.

Chardonnay

Morillon
Der Chardonnay, in der Steiermark auch gerne Morillon genannt, ist eine wertvolle Weißweinsorte, die zur großen Familie der Burgunder gehört. (In Frankreich nennt man ihn Pinot Chardonnay.) In Österreich ist er eine Domäne der Südsteiermark, wo er seit fast 150 Jahren angebaut wird. Er ist eleganter und feiner im Geschmack als ein Weißburgunder, auch sein Zuckergehalt ist meistens höher. Zu seiner vollen Geschmacksentwicklung braucht der Wein eine gewisse Fass- und Flaschenreife, wobei das Fass ihm cremige Fülle verleiht, Stahl ihn schlank und geradlinig macht. Von allen österreichischen Weißweinsorten lässt er sich wahrscheinlich am besten in Barriquefässern ausbauen.
Er besitzt eine deutliche Säurestruktur, mit fruchtigen Aromen von Bananen, Birnen und Zitrusfrüchten wie Mandarinen und Quitten, manchmal klingen auch halbreife Äpfel oder feine Brioche in seiner Aromatik an. Im Barrique entwickelt er buttrig-röstige Noten mit Weißbrot, Dörrobst und Rosinen.

Zwischen Klassik und Barrique gibt es Vertreter, die die typisch österreichische Fruchtigkeit mit der internationalen Stilistik verbinden und die auch gereift eine angenehme Säure mitbringen.
Große Chardonnays zeichnen sich durch ihre Komplexität aus, die sie in besten Lagen mit mineralischen, kalkreichen Böden erlangen. Die Farbe schwankt zwischen zart blassgelb, leicht zitronengelb bis intensiv strohgelb.
Es gibt zwei Grundtypen von Chardonnay: zum einen trocken, voll und sehr körperreich mit kräftiger Säure und teilweise hohem Alkoholgehalt (über 13 Vol.-%), zum anderen trocken, duftig, stahlig mit kräftiger Säure, die jedoch in ihrem gesamten Stil wesentlich leichter (im Alkohol- und Extraktgehalt) sind.
Er ist ein feiner Essensbegleiter vor allem zu Meeresfrüchten, zu hellem Fleisch wie Kalb und Geflügel, aber auch zu Lamm.

Gelber Muskateller

Muskateller, Gelber Weihrauch, Moscato bianco
Einen wahren Höhenflug in der Beliebtheitsskala, vor allem als Aperitifwein, hat diese Rebsorte in den letzten Jahren hingelegt, die eine der ältesten bekannten Sorten der Geschichte ist und schon in der Antike im Mittelmeerraum angebaut wurde. Die Franzosen haben für ihn den Namen „Muscat blanc á petit grains“ reserviert – also der weiße Muskateller mit den kleinen Weinbeeren.
In Österreich hat er, gemessen an seinen Anbauflächen, den Rang einer Spezialität, was vielleicht mit den hohen Ansprüchen zusammenhängt, die diese Sorte im Weingarten stellt. Sie ist unsicher im Ertrag und ihre langen, schlanken Trauben mit den sehr dünnschaligen Beeren sind sehr anfällig für Fäulnis. Auch in der Steiermark war der Muskateller-Anbau vor diesem Boom stark zurückgegangen, jetzt ist er allerdings – wie andere aromatische Sorten – wieder stark im Kommen und gehört zu den wichtigsten Sorten.
Muskataromatik, Zitrusnoten, mitunter auch ein Hauch von Exotik machen ihn aus, belebende Fruchtsäure darf nicht fehlen.

Grauburgunder

Ruländer, Pinot gris, Pinot grigio, Grauer Mönch (weil ihn die Zisterziensermönche nach Österreich brachten), Grauer Klevner, Grauer Tokayer – hinter all diesen Bezeichnungen steht der Grauburgunder, der noch eine lange Liste an Synonymen aufzuweisen hat.

Wenn man die Trauben sieht, möchte man annehmen, dass der daraus resultierende Traubensaft den Roten zugeordnet wird – doch weit gefehlt: maximal ein leichter Stich ins Rosé, Kupferfarbene oder Bräunliche verrät die rötliche Beerenhaut, die ein Erbteil des Blauen Burgunders ist, aus dem er nämlich entstanden ist – aber er glänzt kräftig goldgelb im Glas.

Er ist arm an Säure, dafür körper- und extraktreich, geschmacklich an Apfel und Karamell erinnernd und bringt üblicherweise einen höheren Alkoholgehalt mit. Er ist gut lagerfähig und wird auch gerne in Cuvées verschnitten. Prädikatsweine zeigen oft einen Botrytiston und erinnern an Honig. Kenner trinken ihn gerne anstelle eines Rotweines, so zum Beispiel mundet er vorzüglich zu Wild.

Im Weingarten ist er ziemlich anspruchsvoll, dort braucht er warme Hanglagen und genügend Wasser.

Die Beeren der kurzen, dichten Traube zeigen eine grau-rötliche Farbe, das Fruchtfleisch selbst ist aber ungefärbt.

Müller-Thurgau

Riesling Sylvaner, Rivaner

Der Rivaner hat seine Existenz dem Schweizer Botaniker Hermann Müller zu verdanken, der einen Riesling mit einer Sorte namens Gutedel, Madeleine Royal oder Chasselas de Courtillier kreuzte. Ursprünglich meinte man, die Traube stamme von Riesling und Sylvaner ab, daher auch die Bezeichnungen. In diesem Fall aber sind sie schlicht irreführend.

Der Müller-Thurgau reift früh und taucht daher oft als Jungwein oder Sturm auf und ist auch der klassische Wein für den steirischen Junker.
Er sollte in der Regel rasch getrunken werden, denn er ist nur begrenzt haltbar. Sein intensives Bukett mit feinen Muskatanklängen ist flüchtig, in der Säure ist er mild. Allerdings hat er auch das Zeug zu Prädikatsweinen mit einem nicht zu unterschätzendem Reifepotenzial. Besonders gut schmeckt er zu Backhendl & Co!

Scheurebe

Sämling
Mit Scheuen im Sinne von Zurückschrecken hat der Name dieser Sorte nichts zu tun – weder wird der Trinker scheu, noch ist es die Traube. Vielmehr stammt der Name vom Züchter dieser Kreuzung (aus Riesling und, vermutlich, Wildrebe), einem gewissen Georg Scheu. Ein Wein, der spezielle Liebhaber sucht: voll und fruchtig, wird er meist mit Restsüße ausgebaut und zeigt sich mit deutlichem Riesling-Bukett. Voraussetzung ist allerdings gut ausgereiftes Traubengut – unausgereifte Trauben bringen ein unangenehmes Bukett und Disharmonie.
Die Traube ist dicht im Wuchs, kurz und zylindrisch, die Beeren grüngelb und rundlich.

Traminer

Klävner, Gewürztraminer, Roter Traminer, Gelber Traminer
Viele Synonyme stehen für den Traminer – kein Wunder, handelt es sich hier doch um eine uralte Sorte, die heute weltweite Verbreitung hat.
Er steht für Wein von hoher Qualität, haltbar und von einem intensiven Bukett, das ganz typisch an Rosen erinnert. An Säure ist er eher arm, dafür an Extrakten reich. Je nach Ausbau trocken mit feiner Säure oder alkoholreich mit Restsüße. In der Steiermark hat der Klöcher Traminer bzw. Gewürztraminer als eigene Schutzmarke Berühmtheit erlangt, dessen Prädikatsweine mit intensivem Bukett, blumiger Fruchtfinesse und tiefem Aroma glänzen.

In Rot

Blauer Zweigelt

Rotburger

Die meistverbreitete Rotweinrebe Österreichs wird auch in der Südsteiermark an- und ausgebaut. Als Jungwein ist er leicht würzig und samtig-rund mit Kirschenduft, seine Farbe hell- bis rubinrot. Ein Wein von mittlerem Tanningehalt, dem zu hohe Erträge spürbar in seiner Qualität schaden.

Blauburger

Ist eine Kreuzung zwischen Blauem Portugieser und Blaufränkisch, die in Klosterneuburg gezüchtet wurde. Er ist von intensiver, tiefdunkler Farbe, weshalb er gerne als Partner zum Verschneiden erkoren wird, aber als eigenständiger Wein lange nicht besonders geschätzt wurde. Aus guten Lagen und mit maßvollen Erträgen geerntet, präsentiert er sich jedoch elegant, samtig und harmonisch.

St. Laurent

Wieder eine Sorte aus der großen Burgunderfamilie, ist er wegen seines geringen Ertrages und hoher Ansprüche kein Liebkind der Weinbauern. Jung eher spröde und reich an Säure, wird er im Alter samtig und voll. Bukett von frischen Weichseln.

Schilcher

Blauer Wildbacher

Vorwiegend ein Kind der Weststeiermark, schimmert er zwiebelschalenfarbig bis kirschrot. Er schmeckt zartherb, die Säure ist dominant, zum Teil aggressiv. Bei Kabinettreife kann er elegant würzig mit nur dezenter Säure daherkommen, klassisch wird er aber als Jungwein getrunken.

Terroir – mehr als ein Fleckchen Erde

Alle reden vom Terroir – ein viel strapazierter Ausdruck, der oft in seiner Komplexität unterschätzt wird, denn dabei geht es nicht nur ein spezielles Fleckchen Erde, auf dem Wein gezogen wird, sondern um ein Stück Kulturgeschichte, das ohne die aufmerksame Beobachtung des Winzers – oft über Generationen – nicht zum Ausdruck kommen kann. Am Weinbauern und seiner Arbeit liegt es, diesen Ausdruck des Terroirs zu fördern oder ihn zugunsten eines standardisierten Durchschnitts zu glätten und zu verflachen.

Dazu muss man wissen, dass die Weinmacher, oder vielleicht eher „Weinindustrie" der Neuen Welt in ihrem Marketingbemühen zuallererst Wert auf die Sortencharakteristik der Rebsorten legt, wonach eben ein Sauvignon blanc genau so zu schmecken hat und ein Chardonnay eben andere spezifische Merkmale aufweisen muss. Das Resultat ist eine typische Uniformität, die globalen Trends entspricht und von sehr hoher Qualität sein kann – nur für Individualität ist da kein Platz.

Die österreichische Weinproduktion, und speziell jene der Südsteiermark, beruht auf kleinbetrieblichen Strukturen und hat oft genug mit erschwerten Bedingungen zu kämpfen, wie dies steile Hanglagen und weit verstreute Weingärten darstellen – keine Chance also, sich mit einem uniformen Industrieprodukt am internationalen Markt zu behaupten.

Die Antwort lautet demnach für viele österreichische und steirische Top-Winzer, ein handwerklich gemachtes, ursprüngliches Naturprodukt zu fertigen, das klar seine spezifische Herkunft zeigt, in dem sich das Terroir widerspiegelt und das der Individualität des Weines Ausdruck verleiht. „Terroir" – was versteckt sich nun wirklich hinter dem Begriff?

Kurz gesagt, alle Kriterien, die Einfluss auf die Typizität des Weines haben können. Das ist natürlich die Lage, aber eigentlich fängt es schon bei den Mikro- und Makroorganismen an, die den lebendigen Boden bevölkern und die es dem Weinstock ermöglichen,

Mineralstoffe daraus aufzunehmen. Weiters die Bodenarten, Sand, Mergel, Lehm, Kiesel, Tonerde oder Muschelkalk – unterschiedliche Böden bieten für unterschiedliche Rebsorten die idealen Wachstumsbedingungen. Und dann das Klima, nicht nur die übergeordnete klimatische Situation, sondern auch das regionale und das Mikroklima, das Temperatur, Feuchtigkeit und Sonneneinstrahlung beeinflusst und wesentliche Auswirkungen auf die Rebe hat.

Die besten Lagen der Südsteiermark

Am Anfang war das Urmeer, das vor rund 15 Millionen Jahren die Südsteiermark überschwemmte und im Laufe der Zeit Material ablagerte. Als es schließlich austrocknete, wurden die abgelagerten Feinteile zu Tonmergel verfestigt, den man als Opok bezeichnet. Aus den Korallenriffen hingegen entstanden die Muschelkalkböden – beide Bodentypen sind sehr kalkhaltig, was die Säure im Wein ausgewogen und harmonisch werden lässt und sehr warm, was wiederum den Trauben optimale Bedingungen zum Reifen liefert. Sie sind vor allem in den südlichsten Anbaugebieten und am Flamberg zu finden.

Nördlich von Leutschach und Gamlitz finden sich sandig-schottrige Böden, die von Abtragungen der Koralpe stammen. Ihre besondere Eigenschaft ist die Durchlässigkeit – sie speichern wenig Wasser und zwingen den Rebstock, tief in den Untergrund vorzudringen. Die Mineralik zeigt sich in einer typischen Salzigkeit.
Die höheren Lagen im Sausal kamen mit dem Urmeer nie in Berührung und so sind die Böden von ganz unterschiedlicher Zusammensetzung. Gänzlich kalkfrei sind die um etliche hundert Millionen Jahre älteren Böden aus kristallinem Schiefer um Kitzeck, am Remschnigg und um den Kittenberg. Das Ergebnis ist eine besonders kühle und feine mineralische Charakteristik der Weine.

Czamillonberg

Nicht nur qualitativ eine der ersten Lagen, sondern auch geschichtlich gesehen. Hier baute der polnischstämmige Graf Woracziczki seine berühmten Weine an, die heute noch legendär sind und eine schier unglaubliche Lagerfähigkeit aufweisen – sogar aus den zwanziger Jahren des letzten Jahrhunderts sind noch beeindruckende Weine erhalten. Heute ist es das Weingut Tscheppe, das hier seine Trauben anbaut.
Muschelkalk, Sand und Tonmergel verleihen den Trauben Mineralik und Aromatiefe – die idealen Voraussetzungen für mustergültige Sauvignons, Morillons und Muskateller.

Pössnitzberg

Steil (bis zu 80 % Hangneigung) und als kesselförmige Süd-Südost-Lage ausgerichtet sind die Weingärten des Pössnitzberges in Glanz auf 430–500 Meter Seehöhe. Die Steilheit sichert optimale Sonneneinstrahlung. Gemeinsam mit der Thermik, die aus Slowenien über die Weingärten streicht, und den Böden aus Opak/Schiefer bzw. Felsbraunerde ergibt diese Konstellation dichte, weiche, mineralische Weine, die für die Anklänge von exotischen Früchten bekannt sind.
An Rebsorten fühlt sich hier alles wohl, was typisch ist für die Südsteiermark: Sauvignon blanc, Morillon, Gelber Muskateller, Weißburgunder und Welschriesling.

20 Hektar davon gehören zum Weingut Tscheppe, aber auch das Weingut Brolli-Arkadenhof sowie Erwin Sabathi haben hier Weingärten, in denen neben Sauvignon und Morillon u. a. auch ein geschmeidiger und konzentrierter Traminer angebaut wird.

Zieregg

Untrennbar ist diese Lage mit dem Namen Tement verbunden, ebendort thront das architektonische Weindenkmal auf einer der begehrtesten Lagen der Südsteiermark. Direkt an der slowenischen Grenze und noch darüber hinaus erstreckt sich die Lage Zieregg nach Süden und Südwesten. Muschelkalk- und Kalk-Mergelböden speichern die Wärme besonders gut – ideal für den Morillon. Auch der Sauvignon blanc läuft hier zu Weltklasseform auf, wenn er wie bei den Tements sorgfältig in vielen einzelnen Lesedurchgängen geerntet und durch ganz speziellen Ausbau in seiner Dichte und Vielschichtigkeit unterstützt wird.

Ratscher Nussberg

Eine kesselförmige, steile Süd-Südwest-Lage bietet ein begnadetes, geschütztes Kleinklima für ausdrucksstarke und lagerfähige Weine mit unverwechselbarer Eigenständigkeit.
Verschiedene Bodentypen verlangen nach verschiedenen Rebsorten und die hat Alois Gross hier auch angebaut, der noch dazu sein Paradeweingut mittendrin, in der schönsten Lage, stehen hat.
Der Gewürztraminer findet sein Revier auf wärmespeichernden Steinterrassen, der Muskateller auf sandigen Böden. Weiße Burgunder und insbesondere ein hochkomplexer, extrem lagerfähiger Sauvignon blanc stellen regelmäßig die besten Vertreter des Landes.
Nicht nur Gross ist hier zu Hause, sondern etwa auch der ambitionierte Jungwinzer Hartmut Aubell vom Rebenhof.

Kranachberg

Zwischen Gamlitz und Leutschach erstreckt sich der Kranachberg, der eigentlich eine ganze Kette von Hügeln ist, auf denen beispielsweise die Winzer Sattler, Pongratz, Hannes Sabathi und Peter Skoff ihre Weingärten haben. Mit 115 Hektar Rebfläche ist der Kranachberg die größte Weinberganlage der Südsteiermark, die von rund fünfzehn Winzern bewirtschaftet wird. In der Kessellage mit Süd-Südwest-Ausrichtung auf circa 500 Meter Seehöhe wachsen zwischen gesunden Waldabschnitten Sauvignon blancs mit typischer Würze und Frucht, Weißburgunder und Morillon. Der durchlässige Schotter bringt frische und sandige Mineralik in die Weine, die sich durch eine sehr elegante, nervige Struktur auszeichnen, wie dies unter anderem die Weine bei Hannes Sabathi deutlich zeigen.

Hochgrassnitzberg

Und wieder die bewährten Qualitätskriterien: Kessellage, Ausrichtung nach Süd-Südwesten, diesmal in der Nähe von Spielfeld, an der slowenischen Grenze. 15 Millionen Jahre alt ist der warme, sandige Muschelkalkboden, der den Sauvignon blanc zu großer Klasse heranführt und mit dem warmen, geschützten Klima den spätestmöglichen Erntezeitpunkt zulässt, der die perfekte Reife bringt. Hochgrassnitzberg steht für einen Namen, nämlich jenen der Familie Polz.

Obegg

Auch diese Lage befindet sich in der Nähe von Spielfeld, die Weingüter Polz und Walter Skoff ziehen hier z. B. ihre Lagenweine auf kalkhaltigem, lehmigem Sand oder sandigem Lehm in einer reinen Südlage mit optimaler Sonneneinstrahlung.
Das mag etwa der Sauvignon blanc, der bei Skoff im großen Holzfass ausgebaut wird, damit die vielschichtigen Fruchtkomponenten und die Mineralität voll zum Ausdruck kommen. Aber auch der Morillon, wie ihn Polz keltert, gelingt hier „druckvoll-komplex und mineralisch am Gaumen".

Pfarrweingarten

Herr dieser Lage ist Willi Sattler – und ausschließlich Willi Sattler! Ein ideales Quartier für die Burgundersorten in Weiß bzw. Grau und als Morillon. Natürlich eine Kessellage, natürlich mit südlicher Ausrichtung, die Böden diesmal ausschließlich aus Muschelkalk. Würze und Mineralik sind die Trümpfe dieser Lage – die im Alter der hier angebauten Weine sogar noch zunehmen.

Oberburgstall

Kleine Toplage im Sausal am Nordrand des Südsteirischen Weinlandes mit kalkreichen Sandsteinböden, die vom Winzer Hannes Harkamp bewirtschaftet wird, der 2009 von einem Fachmagazin zum Winzer des Jahres gekürt wurde.

Sernauberg

70 % Hangneigung, leichte Kessellage und zumeist Sandböden mit schottriger Auflage prägen die Charakteristik dieser Lage, die sich Winzer wie Sattler, Tement und Dietrich teilen.
Sauvignon blanc, Muskateller und Morillon fühlen sich hier wohl, es dominiert die Frucht und florale Aromatik, nicht das Mineralische.

Welles

Diese Lage, wo das Weingut Lackner-Tinnacher Weingärten kultiviert, befindet sich auf einer Seehöhe von circa 500 Metern, es ist eine sandige Südostlage ohne Kalk, ein reines Schotterkonglomerat. Welles steht für schlanke Weine mit ausgeprägter Mineralik, die sehr kompakt sind und für die eine gewisse Salzigkeit im Abgang typisch ist.

Kittenberg

Eine Urkunde dokumentiert, dass hier schon 1406 Wein gezogen wurde und noch heute ist der Kittenberg eine der hervorragenden Lagen der Südsteiermark. Im östlichen Sausal haben zwischen 350 und 480 Meter Seehöhe u. a. Alois Gross und Thomas Muster (der seine Weine von Manfred Tement keltern lässt) ihre nach Süden und Südwesten ausgerichteten Weingärten. Kalte Luftströmungen vom steirischen Randgebirge streifen die Anlagen, die auf phyllitischem Schiefer wachsen und feinnervige, mineralische Weine mit gutem Reifepotenzial liefern.

Hochsulz

Wie es der Name schon verrät, eine Lage in Sulztal, die steil nach Süden hin abfällt, und deren Sand- und Tonböden aus Meeresablagerungen resultieren. Die Trauben haben hier, gut geschützt gegen raue nördliche Winde, eine gute Möglichkeit, lange im Weingarten zu bleiben und die optimale Reife zu erlangen. Das Weingut Dreisiebner Stammhaus kultiviert einen Weißburgunder mit elegant-nussiger Aromatik, einen kraftvoll-würzigen Sauvignon blanc, Muskateller mit exotischen Duftnoten und Morillons mit außergewöhnlicher Aromadichte, und auch das Weingut Walter Skoff bewirtschaftet hier Weingärten, in denen ausschließlich Sauvignons mit hohem Entwicklungs- und Lagerungspotenzial angebaut werden.

Sulz

Die Heimat eines vollen, runden Sauvignon vom Weingut Gross, der hier auf schluffigem Lehm mit starken Konglomerat- und Schottereinschlüssen gedeiht. Der Boden erwärmt sich schnell und entwässert gut – Bedingungen, die dem Wein eine salzige Struktur und eine blumige Aromatik verleihen.

Sauvignon blanc – ein Flaggschiff für internationale Gewässer

Ein Franzose mit einer nicht restlos aufgeklärten Herkunft, aber großer Verbreitung, hat sich zum Leuchtturm unter den südsteirischen Rebsorten gemausert – man vermutet heute, dass er aus einer Kreuzung zwischen Chenin blanc und Traminer entstanden ist. In Frankreich trägt die Sorte mittlerweile den Adelstitel „Cépages nobles“, mit der die edelsten Rebsorten der Welt ausgezeichnet werden. Nun erfreuten sich die Franzosen nach den destaströsen Kriegsfolgen nicht gerade großer Beliebtheit bei den Österreichern, ihre Weine wurden aber gerne angenommen – und den Namen konnte man doch leicht etwas schönen bzw. „eingemeinden“. Und so wurde aus dem französischen Sauvignon blanc der steirische Muskat Sylvaner! Muskat wahrscheinlich wegen des eigenen Buketts, das beide Rebsorten auszeichnet. Dennoch besteht nicht der Funken einer Verwandtschaft, auch nicht zum zweiten Namensgeber, dem Sylvaner. Mit Letzterem gibt es aber zumindest in der Optik Parallelen, denn im Blätterkleid sehen sich die beiden Stöcke sehr wohl ähnlich, sieht man von den unterschiedlichen Triebspitzen ab, weißwollig beim Sauvignon und grün beim Sylvaner.

Die Ur-Geschichte des Sauvignon blanc in der Steiermark haben wir bereits gestreift – ist sie doch untrennbar mit den ersten Pionieren verbunden, die sich auf die Suche nach Qualitätsweinen und reinsortigen Weingärten gemacht haben: Peter Dreisiebner, der die Rebe selektionierte und mehrte, Josef Melcher vom Schloss Gamlitz, der auch eine Rebschule betrieb und mit Fritz Strempfl von der Landwirtschaftlichen Fachschule Haidegg in Graz an den Urklonen arbeitete, aus denen der Großteil des heutigen Bestandes gezogen wurde. Bemerkenswerte Sauvignon-Rieden hatte auch das Gräfliche Gut Woracziczky in Langegg und das Landesweingut Schlossberg bei Leutschach. An der Landesweinbauschule Silberberg experimentierte Werner Surmer mit den Edelreisern und Robert Eder, einer der

Silberberg-Direktoren, empfahl den Weinbauern in den Sechzigern unverdrossen diese edle Rebe, obwohl sich damals noch recht wenige dafür begeistern konnten – selbst in einer Zeit, als sich die Idee vom sortenreinen Wein schon gegen den gemischten Satz durchgesetzt hatte.

Es dauerte bis 1990, ehe der Sauvignon blanc endlich stärker ins Spiel kam und sich langsam, aber sicher als Leitmarke etablierte. Immer mehr setzte er sich auch flächenmäßig durch, er wird heute auf circa 20 % der Gesamtfläche des südsteirischen Weinlandes angebaut und hat damit in den letzten Jahren ordentlich zugelegt.

Mit dem Sauvignon ist die Südsteiermark also in einen starken internationalen Wettbewerb getreten: Auf allen Kontinenten und in großen Weinbauländern wie Italien, Frankreich, Kalifornien, Chile, Argentinien, Neuseeland und Südafrika wird er auf insgesamt mehr als 60 000 Hektar angebaut und ist damit hinter dem Chardonnay zur zweitwichtigsten Weißweinrebe weltweit avanciert. Rein innerösterreichisch betrachtet ist die Steiermark mit fast 70 % aller Anbauflächen führend – und das mit steigender Tendenz.

Einen entscheidenden Impuls für den steirischen Sauvignon gab es 1992, als in einer internationalen Weinverkostung von 100 Spitzenprodukten aus aller Welt der Kabinett 1990 von Tement als Sieger hervorging und auch noch ein zweiter Tement-Tropfen, der Zieregg/Grassnitzberg, unter den Top Ten landete.

Seitdem sind die hiesigen Sauvignons Stammgäste am Siegerpodest bei internationalen Verkostungen und längst auch schon bei Parker & Co bestens angeschrieben. Ein besonderer Erfolg setzte 2004 neue Maßstäbe, als bei einer vom deutschen Weinjournalisten A. F. Winkler initiierten Verkostung gleich sieben Steirer unter die zehn besten gelangten: Lackner-Tinnacher, Neumeister (2 x), Gross, Polz, Tement und Sabathi. Den Sieg mussten sie allerdings, mit Jurtschitsch aus dem niederösterreichischen Kamptal, einem anderen österreichischen Bundesland überlassen. Für Weine aus dem Ausland war, außer für einen Neuseeländer und einen Schweizer, kein Platz mehr unter den Top Ten!

International müssen sich die steirischen Sauvignons vor allem dem Wettbewerb mit den Neuseeländern und den Franzosen stellen, die den weltweiten Markt mit ihrer Stilistik mengenmäßig (besonders Neuseeland) und qualitativ (besonders Frankreich) beherrschen.

Angesichts dieser Tatsache bezeichnet Alois Gross die internationale Anerkennung einer eigenen steirischen Sauvignon-Stilistik, die bisher nur den Sancerre- und den neuseeländischen Weinen zugestanden worden war, als größten Erfolg in der Geschichte des steirischen Weinbaus.

Die Franzosen

Legendär sind die Sauvignons aus dem Loiretal und hier besonders aus Sancerre, wo auch die berühmtesten aller Sauvignon-Domänen liegen: die Domaine Henri Bourgeois in Chavignol, die Domaine Fouassier mit der legendären Lage „Clos Paradis" aus dem Jahr 1902, Cotat, Vacheron, Fournier und wie sie alle heißen.

Ebenfalls im Loiretal liegt das Anbaugebiet Pouilly Fumé. Das „fumé" (geräuchert), geprägt durch den an Feuerstein reichen Boden, schlägt geschmacklich mit einem zart rauchigen Aroma in den Weinen durch. Der gefeiertste Winzer dieser Region war der „Vigneron" Didier Dagueneau, der im Herbst 2008 tödlich verunglückte und seine große Fangemeinde mit seinem frühen Tod schockte – er galt als kompromissloser Qualitätsfanatiker, als Guru einer ganzen Winzergeneration und als unbequemer Motor des Aufbruchs an der Loire. (Bei ihm hat übrigens der junge Hartmut Aubell vom Rebenhof mehr oder weniger zufällig eine äußerst intensive Lehrzeit verbracht.) Naturnah und aufwendig entstanden seine Sauvignons, dafür können andere Winzer von den Preisen, die er für seine Spitzenprodukte erzielte, auch nur träumen: 460 Euro für seinen „Asteroide" 2006 – ab Hof versteht sich, denn bei diesem Preis haben noch kein Händler und kein Auktionshaus mitgenascht ...

Die Neuseeländer

Der Sauvignon blanc ist Neuseelands Erfolgswein Nummer eins und stellt 62 % der Weinproduktion des Landes. Er wird in industriellem Ausmaß vor allem für den australischen, japanischen, U.S.- und britischen Markt produziert und präsentiert sich in einer ganz eigenen Stilistik, die am besten mit „grün" zu beschreiben ist und oft strenge, an grünen Spargel, grünen Paprika oder grüne Tomaten erinnernde Noten aufweist, auch Stachelbeere ist erkennbar. Und – er ist gemacht, um jung getrunken zu werden!

Natürlich bieten die Neuseeländer ganz ausgezeichnete Qualitäten – selbst wenn die Beschreibung der neuseeländischen Aromen mit Katzenpipi (!) etwas anderes vermuten lässt.

Die Region Marlborough mit ihrem kühlen Meeresklima und der starken Sonneneinstrahlung hat sich als herausragendes Sauvignon-Anbaugebiet etabliert, mit dem Ausnahme-Weingut Cloudy Bay und dem gleichnamigen Wein als Vorreiter.

Zurzeit ist ein Umdenken im Gange, nachdem 2008 große Mengen als billige Massenware abgestoßen werden mussten. Neuseelands Regierung hat ein 12 Millionen Dollar schweres Forschungsprogramm aufgelegt, um nach Wegen zu suchen, den Stil des Sauvignon blanc zu modifizieren und vor allem für den chinesischen Markt mundgerecht aufzubereiten. Das bedeutet: Weg von den aggressiven „Katzenpipi"-Aromen, hin zu weicheren, süßen Fruchtaromen.

Der Steckbrief

Anspruchslos ist sie nicht, die Sauvignon-Rebe. Sie braucht eine gute Wasser- und Stickstoffversorgung, damit sich das typische Aroma gut entwickeln kann, zu viel Wasser wiederum verdünnt die Inhaltsstoffe und damit das Aroma. Strenge Winterfröste hält sie nicht aus, ist sie anfällig für Beerenfäule und Verrieselung, was bedeutet, dass die Blüte unbefruchtet abfällt und sich nur wenige Beeren der Traube ausbilden.

Kein Wunder, dass sich die steirischen Weinbauern anfangs nur äußerst zögerlich für diese Rebsorte begeistern konnten – der Ertrag ist mittelmäßig, das Risiko und die Anfälligkeit für Pilze sind aber hoch.

Es mutet schwierig bis unmöglich an, das Urtypische eines Sauvignon auf den Punkt zu bringen, wird er doch auf verschiedenste Arten ausgebaut.

Vom einfachen, schlanken Wein mit starker Ausprägung der „grünen" Nuancen wie Brennnessel, Paprika oder Gras bis hin zum komplexen und lagerfähigen Vertreter aus dem kleinen Eichenholzfass reicht die Palette.

Den steirischen Sauvignon sollte jedoch immer die fruchtige Säure auszeichnen. Ansonsten darf der Genießer und Kenner folgende grundlegende Erwartungshaltung beim Genuss eines solchen Weins hegen: je reifer die Trauben und je höher der Zuckergehalt, desto mehr rücken gelbe Früchte, Paprika in den Farben gelb und rot sowie Senf und Dille in den Vordergrund. Bei geringerem Zuckergehalt des Traubenmostes dominiert das Grüne wie grüner Paprika, Holunderblüten, manchmal auch grüne Kräuter, Spargel, Fenchel – dazwischen stehen jene Sauvignons, die die Aromatik von Johannis- und Stachelbeeren und exotischen Früchten wie Litschi aufweisen.

Klassische Vorreiter

Man spricht von der „Steirischen Klassik", wenn von den typisch steirischen Weinen die Rede ist. Fast alle südsteirischen Weingüter führen eine Klassik-Linie und oftmals parallel dazu eine zweite, die auf bestimmten Lagen basiert und ein höheres Reifepotenzial hat.

Ursprünglich — nämlich 1993 — wurde der Begriff „Klassik" aber speziell für die frischen und fruchtbetonten Weißweine der „Steirischen Klassik-Winzer" kreiert, einer Gruppe von Weingütern, in der sich schon 1986 die Urgesteine und Triebfedern des südsteirischen Weinlandes zusammengefunden hatten: Sattler, Tement, Polz, Gross, Lackner-Tinnacher, dazu stießen das Weingut Neumeister aus dem oststeirischen Straden und Winkler-Hermaden aus dem Steirischen Vulkanland.

Der zunehmenden Bedeutung des Lagen-Managements wurde mit der neuen Bezeichnung „Steirische Terroir- und Klassikweingüter" Rechnung getragen. Doch mit dem Namen allein ist es bei Weitem nicht getan. Eine eigene Qualitätspyramide erleichtert Kunden die Orientierung und definiert für jede der vier Kategorien strenge Kriterien, die einzuhalten sich die Mitgliedsbetriebe vertraglich verpflichtet haben:

1. Welschriesling STK: Er ist nicht vor dem 1. Dezember des Erntejahres im Handel und er ist Botschafter der südsteirischen Frische und Leichtigkeit.

2. Die Steirische Klassik STK darf nur die Leitsorten Weißburgunder, Morillon, Grauburgunder, Gelber Muskateller und Sauvignon blanc umfassen und darf nicht vor dem 1. März des Ernte-Folgejahres auf den Markt kommen. Klassik steht für fruchtbetonte, aromatische Weine mit max. 12,5 Vol.-% Alkohol und ein Lagerpotenzial für mindestens 3 Jahre.

3. Erste STK Lage: Nur optimal ausgereifte Trauben von hohen Südost- bis Südwest-Hanglagen, deren Reben mindestens 12 Jahre alt sind, dürfen dazu verwendet werden. Der Ernteertrag darf max. 4 500 Liter/Hektar betragen, das Reifepotenzial mindestens 5 Jahre. Sie zeigen auch in kleineren Jahrgängen Eigenständigkeit und Lagencharakter und kommen frühestens am 1. Mai nach 6-monatigem Ausbau in den Verkauf.

4. Große STK Lage: Nur aus Trauben von hervorragendem Terroir, dessen Böden große Mineralität begünstigen, Rebdurchschnittsalter mindestens 15 Jahre, Ernteertrag max. 3 500 Liter/Hektar, Reifepotenzial mindestens 10 Jahre. Sie werden mindestens 18 Monate ausgebaut, was bedeutet, dass sie frühestens ab 1. Mai des zweiten Jahres ab Ernte auf den Markt kommen.

War diese Winzergemeinschaft schon immer Vorreiter im Streben um regionstypische Weinkultur, so marschiert sie jetzt wieder einen Schritt voraus: eines der aktuellen Projekte, das der jungen Generation innerhalb der Gruppe anvertraut wurde, ist die detaillierte und umfassende Kartografie der besten Lagen der Südsteiermark, die es in dieser Form bisher noch nicht gab.

Von Genussorten und Schlemmerpfaden

Der Mensch lebt nicht vom Wein allein …

Das so genannte Weingartenhaus in Sernau war für uns zum Nabel des südsteirischen Weinlandes geworden, seit es uns die Verwandten mütterlicherseits auf den Hochzeitsgabentisch gelegt hatten. Nun ja, natürlich nicht das ganze Haus, aber zumindest die Einladung, darin zu wohnen.

Es war ursprünglich eine bescheidene Winzerkeusche, die früher die fast mittellosen Arbeiter und Helfer der Weinbauern, die „Weinzerln" oder eben Winzer und ihre Familie beherbergt hatte – doch irgendwann hatten mein Onkel Grasmuck und seine Frau Ria beschlossen, es als Auszugshaus für ihre Pension herzurichten und auszubauen. Und so entstand gleich neben dem Schererkogel ein schmuckes Häuschen, das nach wie vor Dinge wie Lesegerätschaften und Werkzeug beherbergt und zur Lesezeit als Einkehr und Unterkunft für die Erntehelfer dient, aber auch so manchem Gast der Familie ein großartiges Erwachen mitten in den Weinbergen ermöglicht. Onkel und Tante haben das kleine Haus ihrem Sohn übergeben und sind lieber im Dorf geblieben, als sich in den Weingärten, hinter Hügeln und Wäldern, zu weit weg vom Geschehen niederzulassen.
Für Besucher aber gelten andere „Gesetze".

Es gibt wohl nichts Schöneres, als in dieser Zauberwelt des Weines ein paar Tage fern jeder dörflichen Emsigkeit und jedes touristischen Treibens zu Gast zu sein.

Das Auto blieb oft unbenutzt, wenn wir uns dort einquartiert hatten, reichlich Abwechslung bot schon die nächste Umgebung, die wir zu Fuß erobern konnten: Unvergesslich die langen Abende beim Dietrich, als dieser noch für späte Gäste die Stube geöffnet hielt. So manche Flasche vom reschen Welschriesling wurde da mit Freunden geleert, und nicht nur das, es wurde gleich die ganze Weinkarte durchprobiert.
Mit 11 Hektar Weingarten am Sernauberg und am Jägerberg kann Franz Dietrich auf feine Lagen bauen und so ist es kein Wunder, dass Welschriesling, der Weißburgunder „Hausweingarten", die Sauvignons und der Morillon schneller in den Gläsern zu verdunsten scheinen, als irgendwer nachschenken kann!
Schade nur, dass wir meist zu spät in der Jahreszeit – und in der Tageszeit! – waren, um unter der herrlichen, über hundert Jahre alten Traueresche die Jause zu genießen, die uns die junge, charmante Hausherrin Claudia auftischte. So wurde die Stube zum Wohlfühlort für uns, bevor wir zur Sperrstunde, mit Taschenlampen ausgerüstet,

hügelaufwärts zu unserem Refugium zurückstolperten.
Als die Jungfamilie wuchs, stellten die Dietrichs ihr Betriebskonzept um, neue, blitzsaubere Gästezimmer wurden gebaut und der Buschenschank schloss am Abend. Damit sind Dietrich-Exkursionen zur fortgeschrittenen Uhrzeit mittlerweile Legende – doch zum Glück gibt es ihn tagsüber ...
Außerdem gab es da noch andere Nachbarn. Den Adam, zum Beispiel, der auf dem Schererkogel mit einem der berühmtesten Aussichtspunkte der Gegend und überdies einem preisgekrönten Welschriesling aufwarten kann. Jeder, der hier Halt macht, sollte einmal auf den berühmten Kogel mit dem stattlichen Vorzeige-Klapotetz hinaufsteigen, um von dort die Aussicht zu genießen – vielleicht nach der Jause und den herrlichen hausgemachten Mehlspeisen, um ein paar Kalorien gleich wieder abzuarbeiten.
In die andere Richtung, den Sernauberg hinauf, hat in den letzten Jahren eine weitere Familie „Karriere“ gemacht. Hannes und Maria Söll, die mittlerweile ihren Buschenschank nur nach vorheriger Reservierung öffnen, haben sich inzwischen sowohl in Sachen Wein als auch Winzerzimmer einen ganz besonderen Namen erarbeitet.
Herausragend waren die Schmankerl, die Maria in dem Buschenschank offeriert hat, als eine der Ersten hat sie sich über die Grenze der traditionellen, bodenständigen Jause begeben und allerlei Feines, von verschiedenen Aufstrichen bis zur berühmten Zimtschnecke kreiert, deren Duft bei besonderen Gelegenheiten heute noch ums Haus und durch den Garten streicht.

Ihre fünf Gästezimmer in dem neuen Gebäude, das auf den Fundamenten des Hauses der Großmutter entstanden ist, gehören wohl zu den schönsten im ganzen Land, in luftig-sonnigem Design lassen sie die Natur und die Weingärten direkt ins Zimmer herein. Weinbauer Hannes hat sich im Weingarten der naturorientierten Arbeit verschrieben. Was er heute praktiziert – nur spritzen, wenn nötig, und nicht, wenn es der Kalender vorschreibt, das Gras als Dünger nutzen und es sorgfältig von Hand schneiden, um den Boden nicht durch die Belastung schwerer Maschinen auszusetzen –, wird wohl zunehmend von den qualitätsbewussten Weinbauern in dieser Form betrieben, aber Hannes Söll geht sogar noch weiter: er richtet sich nach den Mondphasen und sät würzige Kräuter in seinen Weingärten. Das bringt ihm eine ganz eigene Klientel ein, eine Künstlerin hat ihn zu ihrem Leibwinzer erkoren und gemeinsam keltern sie nunmehr einen Gelben Muskateller, der im kleinen Fass ausgebaut wird und von dem es nur dieses eine Fass geben soll. Ein Philosophenwein eben, ein Künstlerwein, einer, der sich Zeit lässt und für den man sich Zeit nehmen muss.
Aber auch der Mainstream hat ihn entdeckt.

Obwohl Hannes Söll noch als Geheimtipp gehandelt wird, hat ihn der Falstaff schon zu einem der besten Winzer Österreichs erkoren.

Geheimtipp wird er also nicht mehr allzu lange bleiben – an der Qualität seiner Weine wird wohl auch die gesteigerte Nachfrage nichts ändern.
Hier, am Sernauberg, befindet man sich ein paar Kilometer abseits der touristischen Hauptverkehrsader der Weinstraße, und das hat durchaus sein Gutes. Ausgezeichnete Buschenschanken und erstklassige Weingüter findet man allemal in herausfordernder Dichte. Besonders breit sind die Straßen aber nirgends, beim Wandern läuft man immer Gefahr, mit einem allzu eiligen Fahrzeug in Konflikt zu geraten. Daher wird eifrig daran gebastelt, Wanderwege abseits der asphaltierten Straßen auszuarbeiten. Auch am Sernauberg gibt es

eine solche „grüne“ Route – vom Sattler, ein Stück weiter unten im Tal, herauf auf den Berg.
Weil die Riegelnegg’schen Höfe zwar am Sernauberg, aber nicht direkt neben der Straße liegen, bedurfte es skurrilerweise eines kleinen Anstoßes aus der Kärntner Heimat, damit wir bei unseren Wanderungen auf die Weine vom Olwitschhof aufmerksam wurden. Die „Gartenrast“ vor Radenthein steht nämlich für die „besten“ Backhendl jenseits der Pack, und auf der Weinkarte prangt, neben einigen anderen Steirern, eine stolze Auswahl guter Tropfen von Riegelnegg. Und so kam es, dass dessen Welschriesling familienintern zum liebsten Begleiter zu Backhendl mit Endiviensalat und warmen Erdäpfeln (plus Kernöl natürlich) gewählt wurde. Seitdem führt kaum ein Weg am Olwitschhof vorbei ...
Der „Sauvignon Tradition“ ist sogar zum Landessieger 2010 in der Kategorie „Kräftige Sauvignons“ gekürt worden, auch mit dem Muskateller ist er regelmäßig Stammgast beim Österreichischen Weinsalon. Will man welche mitnehmen, muss man schnell sein, denn die Weine sind rasch ausverkauft und Kompromisse bei den Ertragsmengen macht Otto Riegelnegg keine. Über 3 500 bis 4 000 Liter Wein, mehr will er einem Hektar Rebfläche nicht abringen. Und so kommt es, dass seine 10 000 Flaschen Sauvignon, die er jährlich auf den Markt bringt, im Handumdrehen ausgetrunken sind.
In unmittelbarer Nachbarschaft liegt gleich noch ein Riegelnegg-Hof, nämlich jener von Bruder Karl. Er bewirtschaftet das Riegelnegg’sche Stammhaus mit Unterstützung seines Sohnes, ebenfalls Karl, der seine Ausbildung in Silberberg erfolgreich abgeschlossen hat. Stolz ist man hier auf den Morillon und den Weißburgunder, die sich bei der steirischen Landesweinkost stets gut behaupten können, und auf den trockenen Muskateller-Sekt. Ein putziges, kleines Winzerhaus steht eigens für Gäste bereit, außerdem sollte hier noch eine besondere Empfehlung abgegeben werden, auch wenn sie mit Wein nicht unmittelbar zu tun hat. Oder vielleicht doch? Gottes Segen kann man immer gut brauchen – und die stets von der Gunst des Wetters abhängigen Weinbauern erst recht! Eine Kapelle, ein

Klapotetz oder Klapotez

Was klappert denn da? Wer kennt es nicht, das ganz spezielle Geräusch in den südsteirischen Weinhügeln. Der suchende Blick heftet sich auf ein Holzgestell, das mittlerweile den Status eines Wahrzeichens errungen hat und auf keiner gebietstypischen Abbildung fehlen darf. Man kennt nicht die korrekte Schreibweise — Klapotetz oder Klapotez — und auch nicht das grammatische Geschlecht. Vor Ort hört man gern die weibliche Ansprache für das Klappergestell in den Weinbergen, dessen vornehmste Aufgabe es war, die Vögel zu vertreiben.

Acht Flügel hat das markante Windrad, und aus vier verschiedenen Holzarten wird es gefertigt, denn Flügel, Klöppel, Block und das Schlagbrett stellen jeweils unterschiedliche Ansprüche an die Holzqualitäten. Vom Schlagbrett sagt man, es müsse aus Kirschholz sein, nur diese Töne halten tatsächlich die Vögel fern — falls überhaupt.

Weil die Vögel aber nicht ganzjährig eine Gefahr für die Weingärten darstellen, sondern sie nur an den Früchten interessiert sind, stellt man den Klapotetz, natürlich begleitet von fröhlichen Festen, erst am Tag des heiligen Jakobi, dem 25. Juli, in den Weinbergen auf, wo er bis November brav seinen Dienst versieht.

Familienschmuckstück in strahlendem Rosa mit bunten Fresken, gereicht nicht nur der Landschaft zur Zierde, sondern lädt auch ein zur Besinnung.
Weiter oben auf dem Sernaukogel liegt dann zur rechten Straßenseite das Landhaus Jaglhof mit grandioser Aussicht. Besonders die Sonnenuntergänge sind „zum Niederknien schön" und verführen zu einer Einkehr, auch wenn man sonst eher auf der rustikalen Backhendlwelle schwimmt. Der Jaglhof hat eine wechselvolle Geschichte hinter sich, und er ist mit dem Namen Herbert Hirtner eng verbunden, der einen fixen Platz in der lokalen Weingeschichte einnimmt. Dieser hat sich wertvolle Bestände alten, südsteirischen Weines gesichert, die immer wieder das Highlight von Experten-Verkostungen darstellen. Mittlerweile gehören die größten Winzerfamilien, Polz und Tement, zu den Eigentümern des Hauses, was Garantie genug sein sollte für ein erfolgreiches Fortkommen des gastlichen Anwesens, das übrigens schöne Zimmer mit ebensolcher Aussicht feilbietet. Und recht fein speisen lässt es sich hier allemal (Backhendlfans sei der Ordnung halber mitgeteilt: natürlich gibt es die hier genauso!).

Adressen:

Weingut Dietrich
Sernau 13
Tel. 03453/3384
www.weingut-dietrich.at

Weingut Söll
Sernau Steinbach 63a
Tel. 03454/6667
www.weingut-soell.at

Weingut Riegelnegg — Olwitschhof
Steinbach 62
Tel. 03454/6263
www.riegelnegg.at

Weingut Riegelnegg Karl
Sernau 21
Tel. 03454/490
www.riegelnegg-karl.at

Hotel Restaurant Jaglhof
Sernau 25
Tel. 03454/6675
www.jaglhof.at

Kleiner Wein-Kultur-Abstecher

Noch einen Pfad verfolgen wir gerne, wenn es darum geht, dem mitunter doch hektischen Treiben auf der Weinstraße auszuweichen. Auf der Suche nach den herausragendsten Backhendln der Gegend und einem Hauch Kulturerlebnis verschlägt es uns auf die nördliche Seite von Gamlitz, Richtung Grubtal.

Von der Gamlitzer Mitte führt die Straße vorbei am Friedhof und hinaus aufs Land – diese Strecke lässt sich eher nicht mehr auf Schusters Rappen bewältigen, da braucht man schon ein motorisiertes Gefährt und im Idealfall einen Chauffeur. Oder eben eine der besten südsteirischen „Erfindungen“: das Gästetaxi!
Recht bald stößt man auf den ersten bemerkenswerten Weinbauern, zur Linken liegt der Muster, der nicht nur mustergültige Weine keltert, sondern auch außergewöhnliche Brände. Obendrein gibt es einen Buschenschank mit hausgemachten regionalen Schmankerln, in die Johanna Muster ihr ganzes Können steckt. Presswurst und Schweinsbrüstl, Schafskäseterrine und Schäferjause gibt es da – und das selbst gebackene Brot ist die himmlische Krönung dazu! Junior Reinhard ist für den Keller zuständig und er meistert seine Aufgabe mit Bravour, was die vielen Auszeichnungen beweisen.

Seinen Platz unter den jungen Aufsteigern hat er sich jedenfalls längst gesichert.

Ursprünglich hieß das Gut Muster-Dreisiebner, seit 2000 hat es die Familie Muster zur Gänze übernommen. Heute steht die Marke „MUSTER.josef“ für feine Edelbrände, die es in vielen Sorten von Quitten über Rubinette bis hin zu Kriecherl und Holunder gibt.
Hinter „MUSTER.gamlitz“ hingegen stehen die Weine des Jungwinzers: Die letzten Auszeichnungen gab es für seinen Sauvignon blanc Grubtal 2007, mit dem er 2010 den zweiten Platz bei der Verkostung der Zeitschrift Vinaria und 92 Punkte bei Falstaff einheimste, dazu jede Menge Prämierungen bei der Austrian Wine Challenge, der Verkostung „Chardonnay du Monde“ in Frankreich und anderen.
Seine Weine keltert er in mehreren Linien, als Klassik, Reverenz und Lagenwein, dazu Süßwein und Sekt. Die Reverenz ist eine Selektion der jahrgangsbesten Rieden, die ganz nach den jeweiligen Erfordernissen entweder im Stahltank, im großen Eichenfass, in gebrauchten Barriques oder in einer Kombination ausgebaut wird. Rieglbauer, Mariengarten, Sonnegg und Schusterleitn heißen die Lagen, besonders ausgeprägte Aromen liefert das Grubthal mit seinen kalten Nächten.

Praktisch alles gibt es hier beim Muster, bei dem drei Generationen ihren jeweiligen Aufgabenbereich mit viel Hingabe erfüllen – einzig ein Gasthof ist es nicht, und daher gibt es hier auch kein Backhendl.
Nur ein Stück weiter aber, in Richtung Seggauberg/Leibnitz liegt der Hasenwirt, und der ist seit Jahrzehnten bekannt für seine schöne Terrasse und vor allem für seine knusprig-saftigen Backhendl (sogar Sulmtaler Hendl gibt es hier).
Hat man sein köstliches Geflügel verspeist und gelüstet es einen nach Bewegung oder gar nach Kultur, kann man zur Marienkirche auf dem nahen Frauenberg spazieren, um die sich eine besonders sympathische, weil so treffende Sage rankt – sie wurde angeblich mit Wein erbaut! Und das ging so: Ein gewisser Ritter von Polheim gelobte, eine Kirche zu bauen, wenn sein Sohn nur gesund aus den Türkenkriegen zurückkehre. Der Spross kam tatsächlich heil wieder nach Hause, und der Vater machte sich wie versprochen an den Kirchenbau. Unglücklicherweise gab es während des Baus eine große Dürre, das Wasser ging zur Neige, und der Mörtel konnte nicht mehr angerührt werden. Doch die Zeit drängte, denn der edle Ritter fühlte sein Ende nahen und wollte sein Werk vollendet und seinen Schwur erfüllt sehen. Also ließ er allen Wein herbeischaffen, der im Schlosskeller gelagert war und befahl, mit ihm den Mörtel anrühren, um den Bau raschest fertigzustellen – so entstand also die Kirche aus Wein; und der pflichtgetreue Ritter konnte sogar noch an der ersten Messe teilnehmen, bevor er in Frieden das Zeitliche segnete.
Wahr oder nicht wahr, jedenfalls wurde die – 1170 erstmals erwähnte – Marienkirche zum beliebten Wallfahrtsort und ist es bis heute geblieben.
Noch mehr Weinkultur gibt es einen Katzensprung weiter. Am Sulmsee liegt die imposante Kaderschmiede der steirischen Weinelite: die Weinbauschule Silberberg, die auch für Besucher einiges zu bieten hat, beispielsweise den Wein-Lehrpfad, der mit allerlei aufklärenden Tafeln versehen ist, und der schon wegen der sehenswerten Skulpturen, u. a. die größte Reblaus der Welt, und der schönen Aussicht einen Rundgang wert ist.

Die Kaderschmiede Silberberg

Fragt man in der Südsteiermark einen Weinbauern nach seiner Ausbildung — die Antwort lautet mit hoher Wahrscheinlichkeit: Silberberg. Zwar gibt es einige Ausreißer in Richtung Klosterneuburg oder gar Universitätsabsolventen der BOKU Wien, das Gros der südsteirischen Weinmacher aber hat seit Generationen sein Handwerkzeug in Silberberg erlernt.

Den schönen Namen „Silberberg" hat die Weinbauschule von einem Geschlecht aus dem kärntnerischen Görtschitztal — oder genauer gesagt von einem Grafen Heinrich, der in die Familie der Grafen von Leibnitz einheiratete. Seine Frau, die holde Gertrude, bekam als Mitgift das Anwesen mit, das bis heute den Hofnamen Silberberg trägt.

Die Karriere des Gutes als Weinbauschule begann mit der Reblaus-Katastrophe, die Ende des 19. Jahrhunderts viele Weingüter zugrunde richtete. Um dem Wüten der Reblaus Einhalt zu gebieten und den Wiederaufbau voranzutreiben, beschloss der Steiermärkische Landtag 1895, dass nur eine solide Grundausbildung und zeitgemäßes Wissen zum Ziel führen konnten — also musste eine Ausbildungsstätte her.

Im Sausal waren die Weingärten von der Reblaus verschont geblieben und so erwarb das Land das 14 Hektar umfassende Gut, in dem man Weingärten mit reblausresistenten amerikanischen Unterlagsreben und eine Rebschule einrichtete. Im Jahr 1896 startete der erste, neunmonatige Winzerkurs. Schnell wurde die Schule zu einer modernen Musteranstalt für Wein — und damals auch noch Obstbau, bis der Beginn des Ersten Weltkriegs die Ausbildungsstätte ihrer Lehrer, Schüler und natürlich der Subventionen beraubte.

Als der Krieg vorbei war, war der größte Teil der Untersteiermark verloren. Das bedeutete sowohl den Verlust von zigtausenden Hektar Rebflächen als auch der damals zentralen Landesobst- und Weinbauschule Marburg, deren Funktion und Bezeichnung nun auf Silberberg überging. Der Zweite Weltkrieg hatte weitere desaströse Auswirkungen auf Land, Leute und auf die Schule,

deren Betrieb 1945 bedingt durch akuten Lehrermangel zusammenbrach. Aber schon 1949 wurde die Errichtung eines neuen Schulgebäudes in Angriff genommen, das auch Platz für ein Internat bieten sollte. 1952 wurde der Betrieb vergrößert, der Rieglerhof kam hinzu, womit der Schulbetrieb auf 60 Hektar erweitert wurde.

1971 wurde der Obstbau ausgegliedert und Silberberg endgültig zur Fachschule für Weinbau und Kellerwirtschaft, 1985 dann die Landesgüter Silberberg, Kitzeck, Schlossberg und Remschnigg zusammengelegt. Bis heute stehen die Räder nicht still in Silberberg, ständig gibt es neue Kooperationen, Investitionen oder Ausbildungstypen.

Vor allem wird Silberberg wegen seiner praxisnahen Ausbildung geschätzt, die in den schuleigenen Weingärten, in den Werkstätten, dem großen Keller, einem Fleischverarbeitungsraum und einem Buschenschankraum stattfindet, natürlich kommt auch die Theorie nicht zu kurz, die von Wirtschaftskunde und Marketing, Betriebswirtschaft und Unternehmensführung bis hin zu Landtechnik, Bauwesen und Grundlagen allgemeiner Landwirtschaft reicht.

Unterschiedliche Ausbildungsmodelle von der nebenberuflichen Ausbildung über den Vierjahresturnus bis zur Weinmarketing-HAK werden angeboten. Ein Großteil der Schüler, von denen nur circa 10 bis 15 % Mädchen sind, beendet die Schule mit dem Meistertitel im Bereich Weinbau und Kellerwirtschaft.

Es ist ein prächtiges Anwesen, dieses Silberberg mit seiner malerischen Lage am kleinen Sulmsee, und man muss sich nicht als Schüler oder Internatszögling einschreiben, um hier willkommen zu sein. Schlechten Wein zu keltern geht hier gar nicht — also kann sich der Besucher sicher sein, dass der vor Ort entstandene Tropfen entsprechende Qualität garantiert!

Das Angebot umfasst die klassische steirische Sortenvielfalt von verschiedenen Lagen. Die Lage Steinbruch ragt gleich steil hinter dem Schulgebäude auf, früher wurde das Material für die Mauerterrassen der östlichen Lagen herausgesprengt, heute fühlt sich hier, unbedroht von Sprengungen, der Sauvignon blanc wohl.

Am Annaberg mit seinen typischen Sausaler Schieferverwitterungsböden wächst ein kräftiger Weißburgunder, der Name steht inzwischen für eine — durch malolaktische Gärung besonders cremige — Weinlinie, die in großen Holzfässern ausgebaut wird.

Die Lage Trebien eignet sich dort, wo der Boden durch mächtige Braunerde gut versorgt ist, besonders für den Chardonnay, wo er karger wird, gedeiht der Sauvignon blanc, der meist in neuem, großem Holz ausgebaut wird.

Stolz ist man in Silberberg besonders auf den Rotweinkeller voller Barriques und großer Holzfässer, der erst 2006 fertiggestellt wurde, aber auf dem alten Gewölbekeller aus dem frühen 20. Jahrhundert errichtet wurde. Man konzentriert sich auf den Zweigelt, der auch als Rosé mit fruchtiger Nase ausgebaut wird.

Als Biowein präsentiert sich der rote „Meletin", eine Rotweincuvée aus Zweigelt, der seltenen Sorte Rathay und Rösler. Den Meletin gibt es auch in Weiß vom Sauvignon blanc, außerdem „BIO Sauvignon" — für all jene, denen der Sinn nach organisch-biologischem Anbau steht.

Die bereits erwähnte Lage Steinbruch beheimatet auch den Weinlehrpfad, der das ganze Jahr geöffnet und frei zugänglich ist. Auf 1,5 Kilometern erfährt man auf allerlei schmucken Schaubildern und Informationstafeln Wissenswertes über Geschichte und Weinbaumethoden, über Flora und Fauna, Klima und Boden — noch ein Grund mehr, hier einmal vorbeizuschauen!

Eineinhalb Kilometer lang ist der Weg, der über die Geschichte des Weinbaus, die Rebe, die Weingartenarbeit, den Boden und das Klima informiert. Doch hier wird nicht nur gelehrt, es wird genauso der Praxis gehuldigt und eigener Wein angebaut, der ab Hof bzw. ab Schule – im eigenen Shop – zu erstehen ist. Neben Wein und feinen Destillaten widmet man sich einer Besonderheit, nämlich der Kultivierung von Edelkastanien, die am Gut in Remschnigg auf einer Fläche von 2, 2 Hektar wachsen und somit die größte Edelkastanienkultur der Steiermark darstellen.

Längst befinden wir uns auf Leibnitzer Territorium, die Weinstraße liegt in „weiter" Ferne. Wer noch etwas kulturgeschwängerte Luft schnappen will, der sollte sich für das Schloss Seggau Zeit nehmen. Und Wein gibt es natürlich auch – und zwar ganz besonderen!

Das prächtige und mächtige Schloss Seggau, dessen Wurzeln bis in die Römerzeit reichen, war einst Bischofssitz, genauer gesagt bis 1786 und danach, bis ins 20. Jahrhundert hinein, bischöfliche Sommerresidenz. Heute ist es ein modernes Kongress-, Tagungs- und Seminarzentrum mit angeschlossenem Hotel, in dem sich Tradition und Moderne zu einem gelungenen Ganzen zusammenfügen.
Eine gute Stunde muss man sich Zeit nehmen, will man an einer der Schlossführungen teilnehmen, die u. a. zur barocken Schlosskapelle, zur „Seggauer Liesl" – eine Glocke – und dem barock ausgestatteten Fürstenzimmer mit der Bischofsgalerie der Diözese Graz-Seckau führen. Noch spannender dürfte für Weinliebhaber allerdings die Kellerführung sein, die die Geheimnisse des über 300 Jahre alten Weinkellers erschließt, dessen älteste Jahrgänge bis ins Jahr 1928 zurück reichen.
Ein wenig von diesen seltenen Qualitäten kann man bei einer Altweinverkostung erahnen, bei der immerhin Tropfen von 1984 aufwärts offeriert werden. Man darf getrost darauf bauen, dass die hohe Geistlichkeit keinen schlechten Wein durch ihre Kehle rinnen ließ!

Beinahe überflüssig zu erwähnen, dass das Schloss im Besitz von eigenen Weingärten ist. Sie werden seit dem Jahrgang 2007 von Erich und Walter Polz betreut, die in der Großlage Sausal Welschriesling, Weißburgunder, Muskateller, Sauvignon blanc und einen stark nachgefragten Messwein keltern. Die Lagen Einöd und Kainberg liefern dazu die Sorten Grauburgunder und Traminer. Duftig, körperreich und würzig versprechen die Weine aus dem Sausal zu sein, die auf Schiefer und Verwitterungsgestein mithilfe vieler Sonnenstunden eine herrliche Reife erreichen und sich durch markante Würzigkeit und typische Mineralität auszeichnen.

Adressen:

Weingut Muster
Grubtal 14
8462 Gamlitz
Tel. 03453/2300
www.muster-gamlitz.at

Hotel Hasenwirt
Seggauberg 27
Leibnitz
Tel. 03452/82570
www.hasenwirt.at

Silberberg
Fachschule für Weinbau
und Kellerwirtschaft
Kogelberg 16
Leibnitz
Tel. 03452/82339
www.silberberg.at

Schloss Seggau
Seggauberg 1
Leibnitz
Tel. 03452/82435-0
www.seggau.com

„Vitalwandern" vom Labitschberg zum Kranachberg

Wieder zurück auf die unmittelbaren Spuren des Weines — genug der Hochkultur, es folgt Kultur in flüssiger Form. Wir begeben uns in südlichere Gefilde, neuerlich Richtung Grubtal. Doch bevor wir im Zentrum der Marktgemeinde Gamlitz landen, wenden wir uns nach Westen Richtung Kranachberg — eine Gegend, die für Kenner und Schlemmer so einiges auf Lager hat.

Beim Tinnauer wartet schon die erste lohnende Gelegenheit, auf die Bremse zu steigen und sich auf der wunderschönen Terrasse einen herrlichen Ausblick zu gönnen. Bei dem allein bleibt es natürlich nicht – dazu ist das Angebot viel zu verlockend. Der Tinnauer gehört nämlich zu den „ausgezeichneten" Buschenschanken und damit zu den besten des Landes, und das kommt nicht von ungefähr: hier wird alles am Hof hergestellt, sowohl das Brot als auch die ganz besonderen Fleischspezialitäten, die nicht nur von Rind oder Schwein stammen, sondern auch von Schaf und verschiedenen Wildarten. Kostprobe gefällig? Wie wär's also mit Geräuchertem und Salami vom Wildschwein oder einer Leberpastete vom steirischen Rothirsch? Genausowenig zu verschmähen sind das Luftgetrocknete vom Almochsen oder die Spezialitäten vom Nachbarschaf, deren lebendigen Vertretern man übrigens von der Terrasse aus beim Grasen auf der Weide zuschauen kann. Ob diese Vielfalt an fleischlichen Köstlichkeiten wohl damit zusammenhängt, dass der Hans, der Senior des Hauses, einst als Fleischhauer werkte?
Aber nicht nur Fleischtiger kommen beim Tinnauer auf ihre Rechnung. Rosi Tinnauer sorgt für eine überaus vielfältige Speisekarte mit Käse aller Art, natürlich mit Schwerpunkt auf den Milchprodukten der omnipräsenten Schafe. Egal, ob Sülzchen oder Tofu, die Auswahl ist kreativ für alle, die nicht der Fleischeslust frönen wollen. Besonders nett ist die Picknickkorb-Idee, die man sich hat einfallen lassen! Allerlei Leckeres vom G'selchten bis zu Spagatkrapfen, dazu natürlich eine Flasche vom hauseigenen Wein und ab geht es in die Weinberge, auf die Suche nach einem schönen Platzerl, um sich an den mitgebrachten Schlemmereien gütlich zu tun.

Berühmt ist der Tinnauer für seine Edelbrände, mit dem Muskateller Tresterbrand hat er bei der Landesverkostung 2007 sogar Gold eingeheimst, preisgekrönt sind auch Marille und Williamsbirne.

Und Wein gibt es natürlich auch einen ordentlichen, das ist beinahe selbstverständlich – schließlich kümmern sich Hans (im Weingarten) und Sohn Martin (im Keller) gemeinsam um bestmögliches Gelingen!

Übrigens kann man diese Gegend auch wunderbar erwandern oder sogar erradeln. Ein Vitalwanderweg mit Kneipp- und Fitnessstationen zieht sich als Rundwanderung 14 Kilometer lang um Labitschberg und Kranachberg. Mit guten drei Stunden muss man schon rechnen, aber es können leicht mehr werden, geht es doch von Buschenschank zu Buschenschank – da bleibt man nur allzu schnell irgendwo hängen. Ausgehend vom Tinnauer ist man bald beim Steiner, Buschenschank und Weinbaubetrieb, der in einer Senke direkt am Wanderweg liegt und sogar mit einer Kneippstation aufwarten kann, nämlich dem „Armbad“. Als nächstes erreicht man das Weingut Pongratz, das bis vor ein paar Jahren im wunderschön renovierten Stammhaus einen Buschenschank hatte. Die gemütlichen Stuben und der weite Vorplatz werden immer noch für Gesellschaften und Feiern genutzt, aber mit dem „einfach so auf ein Flascherl Vorbeischauen“ ist es vorüber, seit die junge Generation das Ruder übernommen hat. Die liebevoll-rustikal restaurierten Gästezimmer stehen jedenfalls bereit und, was für den Weinkenner am wichtigsten ist, der ausgezeichnete Wein, den Markus Pongratz als einer der jüngeren Vertreter der steirischen Weinmacher verlässlich jedes Jahr auf den Markt bringt. (Mehr zu seiner Person im Kapitel „Die jungen Wilden“.)
Nur einen Steinwurf davon entfernt liegt das Weingut von Daniela und Otmar Birnstingl, die erst kürzlich ein eigenes, hübsches Gästehaus mit gemütlichen Zimmern erbaut haben. In der geräumigen Stube können Übernachtungsgäste nicht nur das ergiebige Frühstück in aller Ruhe genießen, sondern auch den hauseigenen Rebensaft. Wie oft üblich, können sich die Gäste abends selbst bedienen, wenn ihnen, etwa nach einer ausgiebigen Buschenschank-Runde, noch der Sinn nach mehr steht.
Vorbei geht die Wanderung beim Weingut Wruss, dann zum Breg mit dem urigen Buschenschank und den ausgezeichneten Destillaten, zum Tertinegg, der neben Weinen und Ferienwohnungen auch einen Buschenschank bereithält, und schließlich zum Betrieb von Sabathi – und zwar von Hannes Sabathi, nicht zu verwechseln mit seinem Cousin Erwin in Leutschach.

Beim Sabathi am Kranachberg hält eine schon seit Generationen beliebte Einkehr ihre Tore weit geöffnet – und das Eintreten (falls ein Draußensitzen nicht möglich) in die Stube ist wie ein Schritt ins Paradies, zumindest ins kulinarische. Bodenständiges und Feines lacht von der Karte, alles ist hausgemacht, wenn schon nicht von der Familie selbst (das G'selchte!), dann vom Nachbarn (der Fasslkäs!). Das hat dem Buschenschank viel Ehre eingebracht, sogar Falstaff ist das Besondere an dem Ort aufgefallen und hat ihm eine Auszeichnung verliehen, was unter Buschenschanken bekanntlich nicht allzu oft vorkommt.

Der hervorragende Wein hat zweifellos das Seine dazu beigetragen, denn der Jungwinzer macht schon seit einiger Zeit Furore mit seinen erdverbunden Weinen, die das Terroir schmecken lassen wie wenige andere, weshalb dem ambitionierten jungen Mann auch ein eigener Abschnitt unter den „jungen Wilden“ zugestanden wurde.

Lassen wir schweren Herzens dieses Highlight hinter uns und marschieren weiter. Der Vitalweg führt talwärts Richtung Hauptstraße – über den Gesundheitshof Fuhrmann zu August Skoff.

Etwas weiter südlich gibt es einen zweiten Skoff, nämlich den Peter, dessen Wein sich Liebhaber merken sollten. Skoff ist fürwahr kein seltener Name hier, schließlich gibt es noch den Großbetrieb von Walter Skoff an der Weinstraße. Peter Skoff ist jedenfalls in der Reserve-Kategorie zum Seriensieger bei der AWC Vienna International Wine Challenge avanciert, sowohl der Sauvignon blanc als auch der Morillon Kranachberg Reserve haben absolute Siegerqualitäten in diversen Verkostungen und Bewertungen bewiesen.

Bei August Skoff am Vitalweg ist eine der wenigen Frauen, die sich selbst um die Weinmacherei kümmern, zu Hause. Tochter Silke ist Silberberg-Absolventin und gemeinsam mit dem Papa für den Wein zuständig.

Apropos Namensgleichheit: Auch noch ein Pongratz liegt am Weg – er gehört Franz und Carmen Pongratz, die den 300 Jahre alten Hof mit viel Sorgfalt renoviert haben und kuschelige Winzerzimmer mit warmem Holz und Liebe zum Detail geschaffen haben.

Lange Tradition hat hier die Schnapsbrennerei, aber natürlich gibt es in der ehemaligen Rauchkuchl die klassische steirische Weinvielfalt von den verschiedenen Weingärten am Jägerberg zu verkosten und zu kaufen. Gottlob wartet einmal kein verführerischer Buschenschank …

Aber der Weg zum nächsten ist nicht weit: Erikas Buschenschank ist seit Jahrzehnten eine Fixgröße der Gegend, und an betriebsamen Tagen wird man sich schwer tun, ein Platzerl vor dem hübschen, verspielt aufgemascherlten Bauernhaus zu ergattern, um von hier aus den wirklich wunderbaren Ausblick zu genießen und ein wenig um sich zu äugen, ob nicht vielleicht am Nachbartisch die Steffi Werger oder ein anderer Prominenter sitzt. Die geschäftstüchtige Erika ist praktisch in jeder Publikation vertreten, die sich mit Buschenschanken in der Südsteiermark beschäftigt, und hat mit ihrem berühmten „maximal lauwarmen" Schweinsbraten (ein verbotenerweise zu warm servierter hat ihr schon mal einigen Ärger eingebracht) viele Verehrer gefunden. Wer mitreden will, muss also bei der Erika einkehren. Wem das zu turbulent oder doch eine Spur zu überkandidelt ist, der wandert weiter – am besten zum Nachbarn mit einem der weinarchitektonischen Gustostückerln der Gegend.
Es handelt sich um die Weinmanufaktur Schilhan, bekannt als „Crocodile Rock". Die atemberaubende Konstruktion mit viel Glas

und Holz bietet einen großartigen Rundblick in die Weinberge und stiehlt dem eigentlichen Hauptdarsteller, dem Wein, fast die Show. Kunst und edle Möbelstücke finden hier ebenso eine Bühne wie Veranstaltungen, von Vernissagen bis hin zu Sommerfestspielen mit unterhaltsamen Open-Air-Musicals und launigen Nestroy-Spielen.
Hinter dieser Inszenierung stehen die umtriebigen Eigentümer, Monika und Wilfried Schilhan, die außer dem Wein und der Landschaft auch der Kunst außerordentlich zugetan sind – Monika als Schauspielerin und Wilfried als deklarierter Elvis-Fan –, eine Leidenschaft, die ihm den Namen „Elvis vom Jägerberg" eingebracht hat. Der Gamlitzer Elvis ist kein Hiesiger, er kommt aus der Oststeiermark, hat in der Klosterneuburger Weinbauschule das Weinmachen von der Pieke auf gelernt und sich schließlich das Weingut gekauft, wo er 1995 seine erste Ernte eingefahren hat. 2008 setzte er dann mit dem innovativen Gebäude neue Maßstäbe in der Weinarchitektur und ist seitdem aus der südsteirischen Weinszene nicht mehr wegzudenken. Feine Lagen hat er sich auf jeden Fall gesichert, Weingärten am Jägerberg, am Kranachberg und am Hochglanzberg liefern ihm hochwertiges Traubenmaterial für die klassische steirische Weißwein-Sortenpalette inklusive Riesling, Rotem Traminer („Aaron", ein Digestifwein als Hommage an Elvis Presley) und Blauem Zweigelt. Beliebt ist seine weiße Cuvée, der „Spiegel"; die rote Cuvée „Cuvest" aus Blauem Wildbacher, Blauem Zweigelt und Cabernet Sauvignon wird hingegen nur in den besten Jahren abgefüllt. Jedenfalls haben ihm seine Weine bereits einige Auszeichnungen eingebracht, so viel Musik im Wein scheint dem edlen Tropfen also gut zu tun!
Unser Rundgang auf dem Vitalweg kommt nun langsam zu einem Ende – und zwar mit einem Abstecher zum Weinbaubetrieb Liener, der als Besonderheit eine Fischwirtschaft aufzuweisen hat. Allerdings, nachdem man den Parcours vermutlich nicht mit einem toten Karpfen im Rucksack beenden möchte, informiert man sich am besten vorher, wann der Liener seine „Fischtage" hat, an denen Forelle, Silberamur, Karpfen & Co als delikate Köstlichkeiten mundgerecht offeriert werden. Wein gibt es allerdings immer, noch dazu

kann man diesen im stimmungsvollen Gewölbekeller aus dem 18. Jahrhundert verkosten und anschließend sein Haupt, bei Bedarf, in eines der fünf schönen Winzerzimmer betten. Ist man mit dem Auto hierher unterwegs, heißt es jedenfalls aufpassen. Wenn man sich über die kurvige Straße durch den Hof schlängelt, trifft man stets allerlei heimisches und exotisches Kleingetier, das sich auch auf den öffentlichen Verkehrswegen recht wohl zu fühlen scheint.

Über den Labitschberg geht es dann vorbei an Klapotetz, schönen Aussichtspunkten und Weingärten zurück zum Tinnauer. Das Gute ist, einsteigen kann man an jedem gewünschten Punkt und wandern, so lange es einem gefällt.

Selbst, wenn man es nur bis zum nächsten Buschenschank schafft und allfällige Turnübungen und Kneippstationen am Vitalwanderweg schlichtweg ignoriert – beglückend ist es allemal!

Adressen:

Weingut Breg
Kranachberg 75
Tel. 0664/2223182
www.buschenschank-breg.at

Weingut Tertinegg
Kranachberg 112
Tel. 03453/5973
www.weinbau-tertinegg.at

Weingut Wruss
Kranachberg 74
Tel. 03453/5612

Weingut Steiner
Labitschberg 40
Tel. 03453/4054
www.weinbau-steiner.at

A. u. H. Skoff
Kranachberg 96
Tel. 03453/4250
www.skoff-buschenschank.at

Hannes Sabathi
Kranachberg 51
Tel. 03453/2900
www.hannessabathi.at

Markus Pongratz
Kranachberg 73
Tel. 03453/4477
www.pongratz.cc

F. u. C. Pongratz
Labitschberg 30
Tel. 03453/6227
www.pongratz.info

Weinbau Liener
Labitschberg 27
Tel. 03453/2190
www.weinbau-liener.at

Erikas Buschenschank
Kranachberg 70
Tel. 03453/5565
www.erikas-buschenschank.at

Weingut Schilhan
Kranach 8
Tel. 03453/6094
www.weingut-schilhan.at

Peter Skoff
Kranachberg 50
Tel. 03454/6104
www.peter-skoff.at

Vitalwanderweg Kranachberg —
Labitschberg
www.vitalwanderweg.at

Käferbohnen und „Frecher Sterz"

Wo Wein wächst, darf eine Jausenstation nicht fehlen – bedarf er doch einer handfesten Unterlage, soll er den Genießer nicht ins Wanken bringen!

Das ist bekanntlich keine spezielle steirische Erkenntnis, denn auch andernorts, wo einst in der k. u. k. Monarchie der Wein wuchs, haben sich auf Basis eines Edikts Joseph II. solche bodenständigen Einkehrmöglichkeiten entwickelt. Der Grundgedanke, nämlich selbst gemachte bäuerliche Produkte zum Wein anzubieten, ist nach wie vor derselbe, die Namen der Örtlichkeit sind so vielfältig wie die Weinsorten, die von Wien bis Triest gedeihen: Heuriger, Besenwirtschaft, Osmizza, Frasca oder eben Buschenschank in der Steiermark! *Der* Buschenschank, wohlgemerkt!

Der gute Kaiser erlaubte 1784 seinen Untertanen, acht Tage lang (daher auch das slowenische osmizza = 8) Wein auszuschenken und dazu eine hausgemachte Jause aufzutischen. Nach außen hin wurden die Öffnungszeiten durch einen Buschen am Tor kenntlich gemacht, z. B. in Wien hieß es dann „ausg'steckt is".

Heute ist die Öffnungsdauer zum Glück nicht mehr so eingeengt, aber immer noch dürfen nur Weinbauern mit eigener Kellerwirtschaft einen Buschenschankbetrieb führen. Weitere Auflagen: Nur Kaltes darf serviert werden, keine Limonaden, Bier oder Kaffee – und Wein natürlich nur der eigene! Schließlich wollen die Wirte noch ein paar Gäste abbekommen, und so findet man das berühmte steirische Backhendl und ein warmes Schweinsbrüstl eben nur in einer Gastwirtschaft und nicht im Buschenschank.

Die klassische Brettljause dreht sich in der Südsteiermark hauptsächlich um Schweinernes – vom Brüstl zum Kübelfleisch, vom Selchwürstel über Verhackerts zum Schinken reicht da die Brandbreite. Dazu Käse, gerne Paprika und Tomaten, hart gekochte Eier und natürlich frisch geriebener Kren gehören mit auf das Brettl, das am meisten Gusto macht, wenn es gleich für mehrere Personen gerichtet wird und mitten auf dem Tisch mit freiem Zugriff für alle steht.

Ähnlich wie beim Wein, gab es auch bei den Buschenschanken in den letzten Jahrzehnten einen Quantensprung.

Aus der bescheidenen Einkehr mit ein paar Bänken an der Hausmauer oder unterm Nussbaum sind kleine gepflegte Oasen der Gastfreundschaft geworden, die alle Stückerln spielen und nicht selten gar mediterranes Gefühl aufkommen lassen. Prachtvolle Aussichtsterrassen, die der stimmungsvollen Hügellandschaft eine ideale Bühne bieten, liebevolle Dekoration und zeitgeistige Tisch- und Glaskultur stehen auf der einen Seite der Qualitätsentwicklung – auf der anderen Seite eine oft besonders innovative Speisekarte.

Ausgezeichneter Buschenschank

Über 800 Weinbaubetriebe in der Steiermark führen einen Buschenschank. Circa siebzig davon haben sich der Qualitätsinitiative „Ausgezeichneter Buschenschank" angeschlossen und erfüllen die Kriterien, in deren Zentrum das Bemühen um hervorragende Qualität und eine breite Auswahl an regionalen Weinen und Produkten steht.

Ein ausgezeichneter Buschenschank bietet Ambiente, hohe Glaskultur, Weine aus eigener Erzeugung und Jausenspezialitäten vom eigenen Betrieb oder aus der unmittelbaren Nachbarschaft. Neben den traditionellen Genüssen wie Schweinsbrüstl und Käferbohnen hat auch die neue, leichte Küche Eingang gefunden und präsentiert sich mit Salaten aus dem eigenen Garten, verschiedensten Aufstrichen, Schinkenvariationen von Schwein, Rind und Wild, allerlei verschiedenen Käse- und Topfenspezialitäten etc. Immer dazu gehört das „Körberl" mit verschiedenen Brotsorten und feine Mehlspeisen für den krönenden Abschluss.

Auch für die Kleinsten wird gesorgt: auf sie wartet in einem ausgezeichneten Buschenschank immer ein eigener Spielplatz, eine Kinderjause und verschiedene Fruchtsäfte, natürlich aus heimischer Erzeugung.

www.weinland-steiermark.at

Immer mehr Buschenschanken – auch solche, die nicht das Qualitätsgütesiegel „ausgezeichneter Buschenschank“ tragen, weil sie vielleicht keinen Platz für entsprechende Kinderspielplätze haben oder einfach zu klein für den Aufwand der Auflagenerfüllung sind – setzen allen Ehrgeiz darein, möglichst viel selbst zu produzieren oder von regionalen Produzenten (am liebsten dem Nachbarn mit den Schafen auf der Weide) zu kaufen. Verpönt ist jedenfalls der Gouda aus dem Supermarkt – den Zukauf bei bäuerlichen Direktvermarktern erlaubt aber seit einigen Jahren eine Novellierung des Buschenschankgesetzes und ermöglicht damit eine kreative und trotzdem regionstypische Vielfalt auf dem Speisezettel engagierter Betriebe.

Längst hat sich eine Edeljausen-Szene entwickelt, in der es viel mehr als die ursprüngliche kalte Trinkunterlage zu schnabulieren gibt, wenngleich die klassische Brettljause immer mit zur Wahl steht. Heutzutage werden bei Polz, Repolusk und Lambauer, bei der Erika und beim Tinnauer, bei Sabathi und Söll und einigen anderen mehr originelle Spezialitäten aufgetischt, die den Bogen von Selchhendl und Zwerg-Zebuwurst über Wildschweinsalami bis hin zu Schafskäsevariationen schlagen.

Einer dieser zeitgeistigen Buschenschanken ist der Steinberghof Firmenich in Berghausen. Vor vielen Jahren, als die Region gerade erst begann, aus dem Dornröschenschlaf zu erwachen, wurden wir „verwöhnte Städter“ von Tante und Onkel aus Gamlitz voll Stolz an diese Örtlichkeit geführt, die den bis dahin üblichen, einfachen Buschenschanken in puncto Kreativitität bereits einen Riesenschritt voraus war. So viel Sinn für Ambiente und Stil hatten wir bis dato nur in der Toskana oder im Piemont erlebt, und auch so viel Geschick, die heimischen Zutaten zu Neuem zu verfeinern, waren wir in der Südsteiermark noch nicht begegnet. (Dies war zumindest unsere persönliche, zugegeben höchst subjektive Momentaufnahme!) Inzwischen ist die Zahl der Top-Betriebe beständig gewachsen und man wandelt von einer Verführung zur nächsten, aber damals, da war dieser Besuch ein Schlüsselerlebnis.

Der Firmenich ist wie alle Buschenschanken auch ein Weingut, denn sonst dürfte es keine Gastronomie geben. In diesem Fall sind es Rieden am Steinberg, Grassnitzberg und Wielitsch, die vom Hausherrn Dieter bewirtschaftet werden. Der wollte ursprünglich gar nicht Weinbauer werden, denn die Kunst hatte ihn in ihren Bannkreis gezogen. Auch hatte er den Abschluss an der Kunstgewerbeschule Ortweinplatz in Graz in der Tasche. Wie so oft kam es aber anders – ein unerwarteter Todesfall in der Familie veranlasste ihn, das Weingut seiner Mutter zu übernehmen. Also hängte er kurzerhand eine Ausbildung an der Weinbauschule Silberberg an seine abgeschlossene Schulkarriere an und verdiente sich künftig, gemeinsam mit Ehefrau Uli, als Weinbauer und Schnapsbrenner seinen Lebensunterhalt, ohne jemals ganz auf die Kunst – oder seine Liebe zum Motorsport, die er nebenbei auch noch hegt – zu verzichten.
Dass er sich als Künstler betätigt, ist in dem entzückenden, mit viel Liebe zum Detail ausgestatteten alten Presshaus nicht zu übersehen, denn die auffälligste Dekoration stammt aus seiner eigenen Malerwerkstatt. Ab und zu trennt er sich auf Drängen eines Gastes von

seinen Bildern, die er vorzugsweise in Acryl malt, aber besonders bei seinen jüngsten „Kindern“ tut er sich schwer, sie loszulassen – ein echter Künstler eben! Kleiner Trost: Immerhin kann jeder Käufer seiner Wein-, Schaumwein- und Schnapsprodukte einen Firmenich mit nach Hause nehmen, denn natürlich stammen auch die bereits preisgekrönten Etiketten von ihm, ebenso die Speisekarten, und sogar der Fußabstreifer ist nach seinen Entwürfen gestylt. (Aber nicht alles darf mitgenommen werden ...)
Dass in einem Buschenschank, der auch Galerie ist, in der Küche Kreativität angesagt ist, versteht sich von selbst. Uli Firmenich steht darin ihrem Mann an Erfindungsreichtum um nichts nach und verfeinert die gute Basis der steirischen Buschenschank-Cuisine auf das Verführerischste. Wie wär es zum Beispiel mit einer Terrine von Kalbs- und Hühnerleber, dazu Traminergelee, feinen Speckzwetschgen, etwas Weißbrot mit Kernölpesto oder, für alle Liebhaber von Polenta, mit dem gschmackigen „Frechen Sterz“? Wer mehr dazu wissen will, sollte sich auf eine Kostprobe einlassen.
Köstlich das kalte Karpfenfilet mit einem Pesto aus Melanzani, Tomaten & Co, dazu ein Weißburgunder des Hauses oder lauwarme (temperaturmäßig gerade noch erlaubt!) Zwiebeltaschen mit Krautsalat mit einem Gläschen vom Sauvignon.
„Ostern und Weihnachten zugleich“ feiern Schleckermäuler, wenn Uli die nussigen Steinbergwürfel mit Sauerrahmhaube auftischt, oder die unvergleichlichen Morillon-Trüffel oder, ganz klassisch und herrlich zum Wein, die gebackenen Mäuse, die genau so schmecken wie bei der Oma – und das will etwas heißen!
Nicht allzu weit vom Firmenich entfernt, am Grassnitzberg, liegt ein weiteres Feinschmeckerparadies für fortgeschrittene Buschenschankbesucher: es gehört zum Reich der Familie Polz und wird von Schwester Johanna und ihrem Mann Wolfgang Kohlenberger geführt. Fast wähnt man sich gleichzeitig in einem Einkaufsparadies, viele der Köstlichkeiten sind nämlich hübsch verpackt käuflich zu erwerben. Chutney vom Weinbergpfirsich zum Verfeinern, Welschriesling-, Zweigelt- oder Steirersenf zum Würzen, Ringlotten- oder

Traubenaufstriche zum Ergänzen von Käse und Pasteten, Pesto von Bärlauch oder Kürbiskernen und allerlei Leberpasteten sind nur ein kleiner Vorgeschmack auf die angebotenen Genüsse.
Am besten probiert man das alles vor Ort, schließlich ist es auch atmosphärisch ein Platz zum Wohlfühlen, nur ein paar Schritte vom Polz'schen Verkaufs- und Präsentationsraum entfernt.

Besonders ergiebig wird die Geschmackserlebnisreise mit einem sogenannten „Panoptikum".

Da werden bis zu zwanzig verschiedene Spezialitäten aufgefahren, so dass sich der Tisch biegt – nur zu empfehlen ab sechs Personen, denn sonst wird diese Tour zur Tortur, und das wäre schade. Das berühmte, natürlich kalte, Selchhendl und der Ziegenkäse im Speckmantel sollten aber schon dabei sein, verführerisch die Sterznockerl mit Ziegenweichkäse und Rote-Rübencreme ...
Wenn man schon in dieser entlegenen Ecke (in der Nähe von Spielfeld) ist, die weit nach Slowenien hineinragt, empfiehlt es sich durchaus, im exzellenten Buschenschank des Weingut Primus im Polz-Stammhaus oder in der Muster Stub'n vorbeizuschauen, die schon wegen des reizenden Bauernhauses einen Besuch wert ist. Die Familie Muster hat ein 200 Jahre altes Haus mustergültig – nomen est omen! – renoviert, sogar das strohgedeckte Dach hat der alte Hausteil noch behalten. Auch innen kann man sich ein altes Bauernhaus nicht heimeliger vorstellen, die dicken, geweißten Mauern schmücken traditionelle Gerätschaften und ein grüner Kachelofen verströmt selbst im kalten Zustand Gemütlichkeit. Eine schöne Aussichtsterrasse, ein mächtiger Kirschbaum, dazu die klassische Jause, deren Spezialität das „Rotlärcherne" ist – Herz, was willst du mehr?!
Direkt an der Südsteirischen Weinstraße, aber auch abseits davon, reiht sich im Weinhügelland ein einladender Buschenschank an den anderen, da bedarf es schon einiger Tage, um sich flächendeckend durchzukosten. Und jeder Besucher hat so seinen Favoriten – der eine fühlt sich bei den „Großen" wohl, über die man schon fast darüberstolpert, wenn man von Gamlitz auf die Weinstraße fährt:

dem Nekrep (vulgo Stani-Gustl, ebenfalls mit Gästezimmern) folgt der Skoff, der Elsnegg (Regina Elsnegg war drei Jahre lang Weinkönigin, außerdem Jungwinzerin des Jahres 2006), der riesige Brolli Arkadenhof mit cool-stylishem Neubau (auch hier hat mit Reinhard Brolli schon ein Vertreter der jungen Generation die Verantwortung bei der Weißweinproduktion übernommen) und der Betrieb von Helga Brolli (herrlicher Ausblick vom Gastgarten hinter dem stattlichen, gelben Haupthaus), das Dreisiebner Stammhaus (nicht nur ein ausgezeichneter Buschenschank, sondern auch ein hervorragendes Weingut mit viel Tradition in Sachen Qualität), der Repolusk (Brotbackofen mitten im Stüberl liefert köstlich frisches Brot zur exquisiten Jause, dazu Würstel vom Zwerg-Zebu) und der Tschermonegg (herrliche Sauvignons, feine steirische Jause, Gästezimmer für Verwöhnte – mit Pool und Sauna). Diese sind nur ein paar der großen Vorzeigebetriebe, die nicht nur mit köstlichen einheimischen Spezialitäten, sondern auch mit vorzüglichen Weinen punkten.

Und dann gibt es noch die „Kleineren", oft Unscheinbaren, die verstärkt auf den Charme von Bodenständigkeit und Einfachheit setzen und allein dadurch wieder zu etwas Besonderem werden.

Den Vogel schießt dabei wohl der Prettner mit seiner urigen Wirtin ab, deren urwüchsige steirische Schnauze absoluten Unterhaltungswert hat. Die einfache Wirtschaft ist zwar „riesengroß" und durchaus geeignet und geneigt, Busse aufzunehmen, doch an der hinteren Hofwand lässt charmant die Vergangenheit grüßen. Ein paar Bänke, denen man die Jahre schon ansieht, drängen sich zwischen die steil abfallenden Hänge der Weingärten und die Hausmauer, ein paar wackelige Schirme als Sonnenschutz, ein mächtiges Brot mit Verhackertem und Speck, das sogar stattliche Mannsbilder für die nächsten zwei Tage sättigt, dazu ein knackiger Welschriesling – auch das kann zwischendurch Spaß machen.

Ein bodenständiger Weinbaubetrieb mit Buschenschank ohne modernes Schnickschnack ist der Pilch, dessen gepflegter (und im

Sommer blumenübersäter) Hof Zimmer zum Übernachten anbietet. Das Preis-Leistungs-Verhältnis ist sowohl bei der traditionellen Jause als auch bei den blitzsauberen Weinen mehr als in Ordnung, und dass hier der Wein als echtes „Lebensmittel" produziert wird, beweist die Geschichte von der Nachbarin, die täglich zum Pilch marschierte, um sich dort ein Vierterl zu genehmigen. Doch damit nicht genug! Das Vierterl war nur die Erfrischung für zwischendurch – täglich nahm sie auch einen Doppler mit nach Hause. Irgendwann kam es, dass sie selbst nicht mehr gehen konnte, da ließ sie sich den Wein eben bringen. Jenseits der 90 hatte sie keine Zähne mehr, aber den Pilch-Wein trank sie immer noch. Als sie schließlich mit 96 Lenzen das Zeitliche segnete, rechnete der Weinbauer einmal nach und kam auf einen beachtenswerten Weinkonsum: sage und schreibe 10 000 Liter hatten sich im Laufe der Jahre zusammengeläppert! Fazit: Wer alt werden will, soll Wein trinken – wer 96 werden will, muss Pilch-Wein trinken!
Wo hingegen reiht man Eva Lambauer mit ihrem feinen Bacchuskeller ein? Sicher bei den kleineren Betrieben, mit viel Charme, aber kaum bei den besonders urigen – ihr Haus an der Weinstraße wirkt eher wie ein verzaubertes Schlössl mit stilgerechter Einrichtung, und der versteckte kleine Garten mit nur wenigen Tischen ist eine wahre Oase der Ruhe auf der bewegten und belebten Weinstraße. Dazu die ausgesprochen gute Küche, deren Highlights Leberparfait, Ziegenkäse mit Kastanienhonig oder der berühmte Bürgermeisterkuchen sind. Kein Wunder, dass hier besonders gern gefeiert wird – es soll schon vorgekommen sein, dass eine lustige Festgesellschaft zu fortgeschrittener Stunde in der Küche landete und die Ripperl noch vor dem Anrichten direkt aus dem Reindl verschmaust hat – da konnte die Wirtin nur noch den Rückzug antreten.
Das Anwesen war unter der Führung von Evas Eltern der erste richtig große Buschenschank der Weinstraße, dort haben jetzt die Gästezimmer ihren Platz gefunden. Der heutige Buschenschank ist im einstigen Wohnhaus untergebracht, was ihm sein ganz besonderes Ambiente verleiht. Beim Wein bekommt Eva familiäre Unterstützung

durch ihren Schwager Manfred Tement, der sich um die Weingärten kümmert – also ist auch hier Top-Qualität garantiert!
Lambauer, Prettner und der Pilch liegen allesamt in jener Gegend, die eine besonders hohe Konzentration an Weingütern, Buschenschanken, aber auch Gasthöfen aufweist. Kurz vor dem Bacchuskeller führt die Abzweigung nach links, Richtung Ratsch, und hier bietet sich ebenfalls einer der vielen Wanderwege an, die in den letzten Jahren geschaffen wurden, nämlich der Weinwanderweg Ratsch – Ottenberg, den man in kleineren und größeren Schleifen abgehen kann.
Nur einige der vielen Stationen: Direkt an der Weinstraße liegt die Kästenburg, die mit Baujahr 1638 für sich den Titel des ältesten Hauses an der Südsteirischen Weinstraße in Anspruch nehmen darf, an deren Zustandekommen die Jakopés senior maßgeblich beteiligt waren.
Unter der Kästenburg liegt der Kögl, dessen recht neuer Buschenschank ein besonderes Kleinod ist. Er ist in einem schönen, uralten Winzerhaus mit dicken Mauern und niedrigen, gemütlichen Stuben untergebracht, vor der Tür ein ebenso bezaubernder Garten, wo man die bodenständige Jause mitsamt den hauseigenen Weinen genießen kann. Und betreut wird der Gast von einer echten „Weinhoheit“ – eine solche ist nämlich Tamara Kögl, die als charmante und bildhübsche Botschafterin für den steirischen Wein fungiert und ihr Wissen gern mit den Besuchern teilt. Auch übernachten lässt es sich bei den Kögls besonders originell, eines der Gästezimmer ist mit Möbeln bestückt, die ausschließlich aus Fässern hergestellt sind. Wer also schon immer einmal in einem echten Weinfass nächtigen wollte, hat hier die beste Gelegenheit dazu!

Der nächste Nachbar ist der Maitz, die eigentlich zwei davon sind, der Maitz-Urbanikeller und das stattliche Weingut Wolfgang Maitz. Letzteres hat in den letzten Jahren einen beachtlichen Entwicklungsschub in Richtung Moderne erlebt und kann nun mit einen stylishen Restaurant aufwarten, das in einem auffälligen Neutrakt die alte Bausubstanz ergänzt. Er setzt damit einen deutlichen Kontrapunkt etwa zum lieblich-rustikalen Kögl, aber jeder von ihnen wird seine Anhänger finden, denn das mit der Verschiedenheit der Geschmäcker ist bekannt ... Junior Wolfgang Maitz macht als erfolgreicher Jungwinzer von sich reden, mehr über ihn und seine ausgezeichneten Weine ist daher bei den „jungen Wilden" nachzulesen.

Wer vom Kögl übrigens direkt durch die Weinberge talwärts „kugelt", der landet beim Zweytick, von denen es auch gleich mehrere gibt. In diesem Fall endet der steile Abstieg beim Hof von Hannes, dessen Bruder Ewald einer der Weinmacher ist, die vollkommen unbeirrt von Moden und Trends ihren eigenen Weg gehen. Im Buschenschank gibt es jedenfalls außer einer wunderbaren Jause und duftender Mehlspeise die interessanten Weine von Ewald zu verkosten, die ebenfalls unter dem Kapitel „Die jungen Wilden" näher beschrieben sind.

Besuchenswert, wegen seiner ausgezeichneten Weine, ist das kleine, hölzerne Winzerhaus von Stefan Potzinger (das Stammhaus liegt in Gabersdorf), gleich in der Nähe. Zwar gibt es keinen Buschenschank, dafür aber Weine zu verkosten und zu kaufen, die schon Gault Millau und dem „Kleinen Johnson" aufgefallen sind.

Adressen:

Firmenich Steinberghof
Berghausen 62
Tel. 03453/2435
www.firmenich.at

Die Polz Buschenschank
Grassnitzberg 54
Tel. 03453/27309
www.polz-buschenschank.at

Eva Lambauer
Eckberg 37
Tel. 03453/2579
www.evalambauer.at

Primus, Fam. Martha Polz
Grassnitzberg 53, Spielfeld
Tel. 03453/3911
www.primus.cc

Muster Stub'n
Grassnitzberg 18
Tel. 0664/4816928
www.musterstubn.at

Weinhof Prettner
Sulztal an der Weinstraße 16
Tel. 03453/2561
www.weinhofprettner.at

Kästenburg, Fam. Jakopé-Barthau
Ratsch an der Weinstraße 66
Tel. 03453/2565
www.kaestenburg.at

Kögl
Ratsch an der Weinstraße 59
Tel. 03453/4314
www.weingut-koegl.com

Wolfgang Maitz
Ratsch an der Weinstraße 45
Tel. 03453/2153
www.maitz.co.at

Hannes & Ewald Zweytick
Ratsch an der Weinstraße 58
Tel. 03453/2364
www.ewaldzweytick.at

Pilch
Ottenberg 34
Tel. 03453/2582
www.weingut-pilch.at

Weingut Potzinger
Ratsch an der Weinstraße 6
Tel. 0664/1436650
www.potzinger.at

Nekrep
Eckberg 72
Tel. 03453/2248
www.weinhof-nekrep.at

Walter Skoff
Eckberg 16
Tel. 03453/4243
www.skoff.com

Elsnegg
Eckberg 26
Tel. 03453/4812
www.elsnegg.at

Brolli Arkadenhof
Eckberg 43
Tel. 03453/2341
www.brolli.at

Erwin Tschermonegg
Glanz an der Weinstraße 50
Tel. 03454/326
www.tschermonegg.at

Repolusk
Glanz an der Weinstraße 41
Tel. 03454/313
www.repolusk.at

Dreisiebner Stammhaus
Sulztal 35
Tel. 03453/2590
www.dreisiebner.com

Kürbiskernöl —
Das schwarze Gold

Einst als schwarze Schmiere verpönt, begann in den 1980er-Jahren der Siegeszug des Kürbiskernöls, das bis dahin einzig und allein in der Steiermark bekannt war. Heutzutage ist das zum „Gold" aufgestiegene Produkt auf den Speisekarten der feinsten Restaurants weltweit zu finden.

Kaltgepresst soll es sein, nussig und intensiv im Geschmack, am besten mundet es frisch gepresst vom Bauern. Zum Kochen und Braten eignet es sich allerdings nicht, denn Hitze tut ihm gar nicht gut. Verwendung findet es daher bevorzugt in der kalten Küche, etwa über Salat, Rindfleisch oder Käse geträufelt.

Gewonnen wird das Öl aus dem, in der Landschaft allgegenwärtigen, 8 bis 10 Kilogramm schweren Steirischen Ölkürbis, der als einziger seiner Art weiche Kerne hat, die sich gut pressen lassen.

Die Marke „Steirisches Kürbiskernöl" ist von der EU geografisch geschützt und nur geprüfte Hersteller dürfen eine weiß-grüne Banderole mit Prüfnummer auf den Flaschen führen.

Interessante Einblicke in Vergangenheit und Gegenwart der Kernölproduktion bietet die Ölmühle Hartlieb in Heimschuh, wo es ein Museum zu besichtigen gibt.

Weitere Informationen:
www.steirisches-kuerbiskernoel-gga.at

Ölmühle Hartlieb
Heimschuh 107
Tel. 03452/82551-0
www.hartlieb.at

Von Hauben und Hopfen

Genau so wie der Wein in den vergangenen Jahrzehnten einen gewaltigen Sprung in Richtung Qualität gemacht hat und die Buschenschanken zu lukullischen Höhenflügen angesetzt haben, sind Gaststätten und Beherbergungsbetriebe nicht in der Vergangenheit stehen geblieben.

Auf allen Ebenen haben sie sich weiterentwickelt – die klassischen Dorfgasthäuser, die Backhendlstationen in den Weinbergen und die Top-Gastronomie, die es mittlerweile in ganz erstaunlicher Dichte gibt. Noch Anfang der neunziger Jahre sah es ganz anders aus – für den zart besaiteten Gaumen eines verwöhnten Feinschmeckers tat sich in dieser Ecke der Steiermark eine wahre Gourmetwüste auf. Und wie schon beim Weinbau die Sattlers einiges hinsichtlich Qualitätsbewusstsein in Bewegung setzten, war es zufälligerweise – oder doch nicht? – auch in der Gastronomie ein Sattler, der als es als Erster wagte, neue Maßstäbe zu setzen.
Die Familienhistorie rund um die beiden Willis ist schon von den „Weinpionieren" bekannt: der Senior und der Junior sind es, die, kurz bevor die nächste Generation so richtig in Schwung kommt, zu den meistbeachteten Weinbauern weit und breit zählen.
Bruder Hannes Sattler schlug einen anderen Weg ein, der ihn erst in die Küche und danach in die Hotellerie führte. Obwohl, anfangs war er gar nicht überzeugt davon, dass dieses Geschäft das Richtige für ihn sein könnte – gar zu unerfreulich waren die Bedingungen, unter denen er seine Lehrjahre abdienen musste. Schlechte Entlohnung, unmenschliche Arbeitszeiten, desolate Unterbringung, so lautete die insgesamt ziemlich ernüchternde Bilanz, die er ziehen musste.

Doch von einer schlechten Erfahrung hat sich bisher noch kein Sattler unterkriegen lassen, und geschäftstüchtig waren sie ohnehin immer, die Sattler-Buben. Sie hatten sich schon als Kinder in den Kopf gesetzt, Geld zu verdienen und starteten hoffnungsvoll eine Kaninchenzucht, die, einmal richtig in Schwung gekommen,

jede Menge Langohren abwarf. Bloß wollte sie niemand kaufen und so stand im Hause Sattler für geraume Zeit Kaninchen „aller Art" öfter am Speiseplan, als es der Familie lieb war.
Stehvermögen war nach der Lehrzeit angesagt. Der frustrierte Jungkoch unternahm abermals einen Anlauf in den Tourismus und landete im hochfeinen Restaurant Opernkeller in Stockholm. In diesem weltweit bekannten Gourmettempel begann sich das Blatt zu wenden und der junge Hannes Sattler Geschmack an seinem Handwerk zu finden. Bevor er im Alter von 27 Jahren nach Hause zurückkehrte, ließ er sich weiter den Duft der weiten Welt um die Nase wehen und sammelte auf den Bermudas, in New York, in Mexiko oder in der Schweiz gastronomische Erfahrungen.

Was macht demnach ein weltoffener Qualitätsfanatiker, wenn er in seine im kulinarischen Dornröschenschlaf liegende Heimat zurückkehrt? Er nimmt sein Schicksal in die Hand und erfindet selbst das Restaurant seiner Träume.

Die Genehmigung für einen Buschenschank hatte sein Elternhaus schon, nur war das nicht, was ihm vorschwebte. Gemeinsam mit seiner Schwägerin erarbeitete er einen Bauplan für ein Gasthaus, mit diesem Plan und seinen zwei Sparbüchern machte er sich guten Mutes auf zu einer Bank. Es kam wie es kommen musste: das dürftige Eigenkapital und die revolutionären Ideen überzeugten nicht, der stürmische Jungunternehmer blitzte erst einmal ab.
Mit Zähigkeit und weiterhin ungebrochenem Selbstvertrauen gelang es ihm dennoch, seine Vorhaben in die Tat umzusetzen, auch wenn sich die großteils selbst durchgeführten Bauarbeiten äußerst mühsam gestalteten und die offizielle Genehmigung für das Restaurant erst am Tag des Aufsperrens eintraf.
Das Treiben der Sattlers wurde jedenfalls argwöhnisch beäugt und man tuschelte, dass sie jetzt vollkommen verrückt geworden seien. Düstere Prophezeiungen des Scheiterns schwebten von jenem Moment über dem Haus, als das erste „feine" Restaurant südlich von

Graz unter aufmerksamer Beobachtung der Presse seine Pforten öffnete. Alle kamen sie, um zu „schauen", das Lokal war zum Bersten voll und wurde von Neugierigen und Adabeis förmlich überrannt. Service und Küche waren bei dem Ansturm hoffnungslos überfordert. Überfordert waren aber auch die Gäste – eine solche Speisekarte hatten sie ihr Lebtag nicht gesehen. Und erst die Preise, speziell für den Wein! Die waren doch viel höher als direkt beim Weingut, warum sollte das wer bezahlen wollen?
Vielleicht, weil der Tisch perfekt gedeckt war und man in der Gegend den Wein zum ersten Mal aus eleganten Riedel-Gläsern trank? Die Aufregung war groß und das tollkühne Unterfangen dem Dorfklatsch zufolge ohnehin dem Untergang geweiht ... Allerdings kam es anders, denn just im selben Jahr zog die Landesausstellung im Schloss Gamlitz Scharen von Besuchern an, derer sich viele mit Freuden im gepflegten Sattlerhof bewirten ließen – eine derart gehobene Gastronomie hatten sie in Gamlitz gar nicht erwartet. Von Pannen blieb der Sattlerhof dennoch nicht verschont. So war eines Abends das Erstaunen des Küchen- und Serviceteams groß, als sich partout kein einziger Gast einfinden wollte. Notgedrungen machte man es sich in der Küche beim Kartenspiel gemütlich, bis der Vater vom Nachbarhaus gelaufen kam und fragte, warum denn in Gottes Namen alle Gäste weggeschickt würden. Schon der dritte Wagen war wieder fortgefahren! Des Rätsels Lösung: ein „Heute Ruhetag"-Schild, das vom Vortag an der Eingangstüre hängen geblieben war, hatte die hungrigen Gäste in die Flucht getrieben ...

Viel schlimmer aber waren die Auswirkungen der Jugoslawienkrise, die gleich im zweiten Jahr den jungen Betrieb und die ganze Region lähmte – kein Gast traute sich so dicht an die Grenze, verminte Weingärten, Schützengraben und Hubschraubergeknatter ließen keinen Raum für Genusstouren und Schlemmerfreuden. Doch auch dieses schwierige Jahr überstand der Sattlerhof, und schon bald bot man Zimmer an, die das Angebot erst richtig abrundeten.

Allen Unkenrufen zum Trotz hat also das „feine" Restaurant bestanden und wurde damit zum Vorreiter einer neuen Art Gastronomie im Weinland – heute hat der Gast die Qual der Wahl auf höchstem Niveau.

Von Anbeginn an hat der Sattlerhof eine „Haube" von Gault Millau mit auf den Weg bekommen, zwischendurch waren es schon mal zwei. Und wer es doch lieber einen Hauch bodenständiger mag, wird mit dem Sattler'schen Wirtshausbereich Freude haben, da geht es ungezwungener zu – und die feinen Weine von Bruder Willi sind überall gleich gut zu genießen.

Bei der hohen Kochkunst zu Hause ist der Gast auch im Kreuzwirt am Pössnitzberg, beim höchstdekorierten Koch der Steiermark. Einer, der sich vor Auszeichnungen und Ehrungen nicht mehr „retten" kann, unter anderem mit drei Hauben bestückt und dem Titel „Wirt des Jahres 2009" – Gerhard Fuchs. Die Riege der Stammgäste wird täglich größer, denn der Maître kocht, wie er sagt, nicht für Hauben, sondern grundsätzlich so, dass es den Gästen mundet und auch ihm selbst. Was bei diesem Ansatz herauskommt, ist eine kreative Mischung aus regionalen, steirischen Produkten, angereichert mit Aromen aus aller Welt. Auch hier mag den Gast erstaunen, dass in einem entlegenen Winkel ein so hochkarätiges kulinarisches Konzept funktioniert, aber der Kreuzwirt ist gut in ein stimmiges Gesamtangebot eingebettet, zu dem das trendige Genusshotel Pössnitzberg und das Weingut Tscheppe gehören.

Einst betrieb die Familie Tscheppe das traditionsreiche Ausflugslokal am Pössnitzberg, eben den Kreuzwirt. 1951 wurde es aber geschlossen, der Erwerbsschwerpunkt der Familie verlegte sich zunehmend auf den Weinhandel. Leider nicht sehr erfolgreich, weshalb das Weingut 2006 von den Brüdern Polz übernommen wurde. Sie führen das Gut seither unter dem bekannten Markennamen Tscheppe weiter, weil der immerhin für erlesene Lagen wie Czamillonberg und Pössnitzberg steht, die zu den besten der Region zählen. Während sie dem Kreuzwirt mit einem ambitionierten Programm wieder Leben einhauchten, eröffneten die Tscheppes in Sulztal ein Gasthaus der bodenständigeren Art, nämlich das beliebte Gasthaus Tscheppe an der Weinstraße.

Katharina Tengler-Tscheppe führt hier Regie, und wer Wert auf Auszeichnungen legt, dem sei gesagt, dass der Gault Millau auch für dieses gemütliche Plätzchen eine der begehrten „Kopfbedeckungen" übrig hatte. Vom saftigen Backhendl bis zum gebackenen Bauerntopfen mit Beerenröster, vom Carpaccio aus steirischem Rind mit Walnusspesto bis zum Zwiebelrostbraten mit Schupfnudeln reicht die Speisekarte, und wenn man nach dem ausgiebigen Mahl unter der schönen Weinlaube relaxen möchte, wartet schon eine lauschige Aussichtsecke mit Liegestuhl. Nicht vergessen, vom Lokal ein Glas

Wein mitzunehmen – erst dann wird das Schwelgen in Wonne so richtig schön!
Eine Aussichtsterrasse, und nicht nur diese, gibt es beim wiederum etwas feineren Landhaus Jaglhof in Sernau, das wir schon kennengelernt haben. Laut Gault Millau 2011 gehört der Jaglhof zu den Aufsteigern des Jahres, worüber sich die Miteigentümer Tement und Polz besonders freuen, da sie das Haus vor dem Abstieg bewahrt haben und damit nun zu erfreulichen Höhenflügen ansetzen!
Ein Avantgarde-Koch, der in der Lage ist, auch gestrenge Kritiker in helle Aufregung zu versetzen, ist Thomas Riederer in Leutschach, der seinen zeitgeistigen kulinarischen Leuchtturm mitten im Ort errichtet hat, und zwar – ganz klassisch – im Kirchenwirt.

Damit ist der Klassik aber schon wieder Genüge getan, denn bei T.O.M. am Kochen – so der offizielle Name – wird einiges neu erfunden.

Zunächst das Ambiente: eine Schauküche und neue Einrichtung haben der schönen, alten Holzvertäfelung geschickt ein modernes Styling verpasst. Doch die Hauptrolle spielt natürlich das, was hier auf die Teller kommt. Toms kreative Küche spielt alle Stückerln an neumodischen Gepflogenheiten von Essenzen, Schäumchen und tropfenweise zu konsumierenden Flüssigkeiten in Pipetten. Doch keine Bange – die lukullische Erlebnisreise ist eine durchaus gelungene! Styrian Sushi und Maki, Ziegenleberknöderl, Hochlandrind mit geschmolzenem Entenleberparfait, Meerbarbe auf Algensalat oder gar „Steirischer Tintenfisch“ (pst, dahinter verbergen sich Lammkutteln ...) versetzen den fortgeschrittenen Genießer in Verzückung und lassen Anfänger staunen. Ehefrau Katarina leitet den Service herzlich und professionell, spannend sind die umfassende Weinkarte und das 8-Gang-Menü, das von der Top-Weinlinie „Merveilleux“ von Erwin Sabathi begleitet wird – einfach „wunderbar“!
Doch jenseits der Haubenküche gibt es genauso Vorzügliches. Knapp an der begehrten Auszeichnung vorbeigeschrammt ist z. B. der Käsehof Abel in einigermaßen versteckter Lage bei Leutschach,

dessen wunderschönes Ambiente unter hohem Ziegelgewölbe und mit terrassengleichem Garten schon allein einen Besuch wert ist. Dazu eine hervorragende regionale Küche und natürlich gepflegte Weine – jeder verleihe selbst Sternchen oder Herzen oder ...
Weiter in Richtung Glanz liegt auch der Familienbetrieb Sabathihof an einem ausgesprochen idyllischen Fleck. Nicht nur die Lage ist besonders, auch das Anwesen ist einladend – ein echtes Schmuckstück mit Wein, Winzerzimmern und Spezialitäten von Wild aus dem eigenen Gehege.

Ein richtig guter Backhendlschmaus gehört zur Südsteiermark wie das Amen zum Gebet. Früher war es Tradition, dass die Hausfrau jeden Sonntag frisches Backhendl zubereitete.

Wenn das Mahl besonders festlich sein sollte, wurden die panierten Schenkel des Huhns mit weißen Manschetten hübsch dekoriert, wie es auch in den Gasthäusern noch lange üblich war. Natürlich fanden beinahe alle Teile Verwendung – Magen, Leber und sogar der „Bischof" (Bürzel) waren heiß begehrt und manchmal krönte stolz ein Hühnerkragen den Berg duftender, resch gebackener Hühnerteile, selbstverständlich auch der Kopf, dem man noch ein gebackenes Büschel Petersilie in den Schnabel steckte. Kopf und Kragen und diverse andere Stücke werden heutzutage – zumindest im Gasthaus – nicht mehr serviert.
Auf ein Backhendl kehrt man gerne beim Ferlinz oder beim Mahorko inklusive grandioser Aussicht ein. Der Landgasthof Wratschko ist der verlässliche Klassiker mitten in Gamlitz, ebenso wie in Leutschach der Lang-Gasthof von Tscheppe, dessen angeschlossenes Hotel mitten im Hopfenort Leutschach folgerichtig auf Hopfenwellness mit Hopfen- und Heubädern setzt.
Doch genug des Schlemmens, es gäbe noch einige andere Lokalitäten mehr aufzuzählen, wir begeben uns zurück ins Zentrum des Weinlandes und werfen einen Blick auf das „Herz" desselben – auf die Marktgemeinde Gamlitz.

Adressen:

Weingut – Hotel – Restaurant
Sattlerhof
Sernau 2
Tel. 03453/2556
www.sattlerhof.at

Wein. Genuss. Hotel.
Pössnitzberg.
Pössnitz 168
Tel. 03453/205
www.poessnitzberg.at

Kreuzwirt am Pössnitzberg
Pössnitz 168 a
Leutschach
Tel. 03453/205600
www.poessnitzberg.at

Jaglhof
Sernau 25
Tel. 03453/6675
www.jaglhof.at

Das Sulmtaler Hendl

Selbst die verwöhntesten Gourmets schwören darauf: Neben dem französischen Bresse-Huhn verspricht einzig das steirische Hendl aus dem Sulmtal den wahren kulinarischen Hühnerhimmel. Und einige sind gar der Meinung, dass das steirische Federvieh den französischen Verwandten ob seines delikaten Geschmacks und seiner unübertroffenen Bissfestigkeit den Rang abläuft!

Dabei wäre das edle Huhn beinahe in den Kriegswirren des letzten Jahrhunderts untergegangen, gerade noch rechtzeitig wurde die wertvolle Rasse wiederentdeckt und erlebt jetzt eine wahre Renaissance. Das lustig beschopfte und großdimensionierte Huhn macht in den Küchen der besten Restaurants Furore und ist vor allem als Kapaun begehrt. Bei ausgesuchten Bauern des Sulmtales darf es fünfmal so lange leben und wachsen wie seine „herkömmlichen" Artgenossen, natürlich streng kontrolliert und in huhngerechter Umgebung.

Diese besonderen Umstände schlagen sich natürlich auf den Preis nieder (ein Kilogramm Sulmtaler Huhn kostet zwischen 18 und 19 Euro, der kostbare Kapaun gar an die 35 Euro!), sodass es nicht in jedem Betrieb auf der Speisekarte steht — aber beim Kreuzwirt am Pössnitzberg, beim Maitz in Ratsch und beim Hasenwirt am Seggauberg kann man das begehrte Federvieh auf jeden Fall probieren! Weitere Informationen: **www.sulmtaler.at**

Gamlitz — das Herz des Weinlandes

Wer heute von der Südautobahn A2 über Ehrenhausen nach Gamlitz kommt, wird gleich von einer weitläufigen und einladenden Badelandschaft mit riesigen Schwimmteichen in Empfang genommen.

Was hätten wir als Kinder darum gegeben, in Gewässern wie diesen herumplantschen zu dürfen. Aber damals gab es nur den Gamlitzbach als einzig mögliche Erfrischung – und die wurde von uns seenverwöhnten Kärntner Kindern hochnäsig links liegen gelassen. Baden im Bach? Kam überhaupt nicht in Frage!
Nun, die Landschaftsteiche sind vielleicht das markanteste äußere Zeichen des aktuellen Gamlitzer Selbstverständnisses, nämlich als Herz des Weinlandes und damit als Tourismusort, der einige bestechende Trümpfe in der Hand hält: Wein und Kulinarik sowie eine herzerwärmend schöne, sonnenverwöhnte Kulturlandschaft sind ideale Voraussetzungen, um im Wettbewerb um die Gunst des Gastes zu punkten. Dass dies allein noch nicht genug ist, das haben die Gemeindeväter und die engagierten und tüchtigen Unternehmer der Gegend zur rechten Zeit verstanden.

Und so wurden aus simplen Buschenschanken kontrollierte, „ausgezeichnete" Betriebe, aus bescheidenen Fremdenzimmern einladende Winzerzimmer mit klar definierten Qualitätskriterien, aus einfachsten Wirtshäusern moderne, stattliche Landgasthäuser oder gar zeitgeistige Gourmettempel.

Noch bevor es aber so weit war, hatte sich der heutige 3 000-Seelen-Ort erst mal tapfer durch die Geschichte zu schlagen, eine ziemlich lange sogar. Immerhin ist Gamlitz eine der ältesten Siedlungen der Südsteiermark, was durch Funde belegt ist, die bis in die mittlere Steinzeit zurückreichen. Außerdem waren die Kelten da und mit ihnen möglicherweise schon der Wein, der aber erst in der Römerzeit richtig kultiviert wurde. Mit den Slowenen, die im 6. Jahrhundert, nach der Völkerwanderung, hierher kamen, begann sich auch der Name zu formen – erst lautete er Gomelic, daraus wurden Gomelnitz, Kamnitz oder Gomlitz. Auch Camelnitz stand für den Ort, wobei der Ausdruck nichts mit Kamelen zu tun hat, die diese Ecke höchstens mit einem Wanderzirkus besucht haben dürften. Nein, vielmehr steht das ursprüngliche „Gom", das auch mal zum „Cam"

geriet, für das slawische Wort für Hügel oder Bühel, was bei einem Blick auf die hügelige Landschaft ziemlich schlüssig erscheint. Mit Hügel könnten aber auch die zahlreichen keltischen Grabhügel gemeint gewesen sein, die um Gamlitz liegen, aber – Hügel bleibt Hügel.

Im Mittelalter hatte in Gamlitz der Klerus das Sagen, genauer die Benediktinermönche vom Kärntner Stift St. Paul, die ganz friedlich durch Schenkungen von den Spanheimern und Herzog Heinrich II. von Kärnten zu diesem Besitz gekommen waren.

1479 und 1532 wüteten die Türken und richteten, wie auch andernorts, immensen Schaden an, so fielen ihnen unter anderem die Pfarrkirche und die meisten der Edelsitze rund um den Ort zum Opfer – nur Schloss Gamlitz überdauerte.

1919, nach dem Ersten Weltkrieg, wurden in Europa die Grenzen neu gezogen und ein großer Teil der südlichen Steiermark ging an Jugoslawien verloren. Die Besitzer der direkt an der neuen Grenze gelegenen Höfe durften wählen, wohin sie gehören wollten. Vieles wurde enteignet, aber kleinere Grundstücke und Weinberge durften die österreichischen Bauern behalten. Sie mussten fortan einen eigenen Grenzübergang benutzen, um sie bewirtschaften zu können, was ihnen das Leben nicht gerade erleichterte.

Seit 1959 darf sich Gamlitz „Markt" nennen und es erhielt aus diesem Anlass ein eigenes Wappen: kein Panther, keine Krone, kein Kriegsgerät prangen darin, sondern, wie könnte es anders sein, eine goldene Weintraube auf einem grünen Weinblatt ziert den silberrot geschachteten Schild.

Schon seit den achtziger Jahren hat sich Gamlitz den Rang der größten Weinbau treibenden Gemeinde der Südsteiermark gesichert, aktuell sind es circa 540 Hektar Weinbaufläche und damit mehr als 10 % des gesamtsteirischen Weinbaus, die von rund 180 Weingütern bewirtschaftet werden.

1980 war auch das Jahr, in dem ein Herr Grasmuck das Amt des Bürgermeisters übernahm und es bis 1993 innehatte. Zufälligerweise mein Onkel mütterlicherseits – schon wieder Verwandtschaft, mag man sich denken, aber so ist das eben in einem kleinen Dorf, da sind die verwandtschaftlichen Bande eng. Irgendwelche Kreuz- und Querverbindungen lassen sich zu vielen Familien herstellen, man muss nur lange genug forschen.

Der Onkel Karl war also Bürgermeister, ehrenamtlich natürlich, wie es in einer Gemeinde dieses Ausmaßes vorgesehen war. Sein Hauptgeschäft war eine Rebschule, die sein Vater als erster Rebveredler im Gamlitzer Gebiet schon seit 1922 betrieben hatte, daneben gab es noch ein wenig Weinbau. Es ist dieses, außer jenem des Schlosses, das einzige Weingut, das praktisch im Ort liegt – korrekterweise am Ortsausgang Richtung Leutschach. Längst hat Sohn Karl-Heinz mit seiner Frau Evelyn das Ruder übernommen und auch äußere Zeichen in Richtung Moderne gesetzt, zu erkennen an dem hübschen Verkostungsraum, der mit Sitzgelegenheiten und Stehtischen im Hof fast einen Buschenschank vermuten lässt. Doch nein, hier war nie ein Buschenschank und ist noch immer keiner, für spezielle

Veranstaltungen ist die jüngste architektonische Errungenschaft am Hof des Ex-Bürgermeisters allerdings bestens geeignet. Und zum Verkosten der fruchtigen Cuvée rosé, des originellen Heckenklescher, auch Uhudler genannt, und des beerig-pricklenden „Isabella Schampus" sowieso. Auch die Rebschule floriert nach wie vor, hier holen sich nicht nur Weinbauern zertifizierte und virusgetestete Edelreiser, sondern genauso Hobbygärtner, die in ihren Gärten pilzresistente Speisetrauben kultivieren.

Als der Onkel noch Bürgermeister war, hat seine Frau Ria vermutlich doppelt anpacken müssen, denn immerhin war im Ort vieles erst zu schaffen, was heute selbstverständlich ist. Der „Fremdenverkehr" steckte in den Kinderschuhen, Mitte der Achtziger setzten sich ein paar hilfsbereite Bürger freiwillig ins Tourismusbüro in der Gemeindestube, um Auskunft und Unterkunft suchende Gäste zu beraten.

Die Zahl der Gästebetten stieg mit der Förderung durch Land und Gemeinde und der sich langsam durchsetzenden Erkenntnis, dass mit den Zimmern nicht nur Schlafgelegenheiten verkauft wurden, sondern Wein und Jause gleich dazu.

Elementar waren auch die umzusetzenden Straßenbauprojekte, viele Höfe mussten noch erschlossen, die Versorgung mit Wasser und die Entsorgung von Müll und Abwasser organisiert werden.

Der Höhepunkt des bürgermeisterlichen Schaffens meines Onkels war aber jenes Ereignis, ohne das ein Gamlitz, so wie es heute da steht, nicht denkbar wäre: die Landesausstellung.

An deren Durchführung war maßgeblich ein Mann beteiligt, dessen Wurzeln väterlicherseits zwar in der Steiermark liegen, dessen Wiege aber nicht in Gamlitz stand und nicht einmal in Österreich, sondern in den Niederlanden. Seit er am 1. Oktober 1955 als Lehrer nach Gamlitz kam, wurde er mit seinem Wissen, seinem Engagement und seinen Visionen für den Ort und sein Fortkommen zur fixen Größe, an der niemand vorbeikommt, der auch nur einen kleinen Blick in die Vergangenheit wirft.

Dieser Josef Ertl, so sein Name, war also Lehrer, später Direktor, und als Kurdirektor und Vereinsobmann aktiv. Er hatte jedenfalls die bahnbrechende Idee, eine Landesausstellung zum Thema Wein nach Gamlitz zu holen. Beim ersten Anlauf blitzten er und die Ortsgranden mit ihrem Vorschlag bei den verantwortlichen Stellen im Land postwendend ab, denn, so lautete die Begründung, in einer Gegend mit der höchsten Leberzirrhose-Rate Österreichs könne man nicht auch noch den Kern allen Übels in den gefeierten Mittelpunkt rücken!

Erst 1988 kam, nach mehreren Versuchen, der Zuschlag, ab 1989 wurde emsig vorbereitet und gearbeitet, und 1990 ging das Großereignis sehr erfolgreich über die Bühne. Aber noch mehr als die stattliche Zahl von 273 000 Gästen beeindruckte und beeinflusste die Nachhaltigkeit des Ereignisses das Fortkommen des Ortes.

Ein kräftiger Ruck ging durch die gesamte Gegend und verschiedene Initiativen förderten den Bau von richtigen „Winzerzimmern“ anstelle der schäbigen Kammerl, und sie bemühten sich um entsprechendes Know-how über Wein- und Kulturgeschichte, Ausflugsziele und Attraktionen bei den Vermietern, so dass diese Gäste beraten und informieren konnten.

Wieder war es Josef Ertl, der bei den Schulungen federführend war, er klapperte die Bauernhöfe ab, um mit Interessierten zu sprechen oder bereits fertiggestellte Zimmer zu überprüfen. Schon damals mussten sie gewisse Kriterien aufweisen, ein Holz- oder Steinboden etwa gehörte dazu, Linoleum war verpönt. Des Öfteren war auch beim Preis dringend Beratung nötig, verkaufte doch manche Bauersfrau ihr Bett mit Frühstück um schlappe 25 Schilling, anstatt das zu verlangen, was das Angebot tatsächlich wert war – und das war um einiges mehr!

Die Qualitätsmarke „Winzerzimmer“ wurde schließlich 1999 von mehreren Tourismusverbänden des Steirischen Weinlandes aus der Taufe gehoben, seit dem kann sich jeder Gast, der ein solches Zimmer bucht, darauf verlassen, dass z. B. die Räume eine ordentliche Größe aufweisen, die Möbel aus Vollholz sind und die Dekoration

südsteirischen Charakter hat. Darüber hinaus muss der Gastgeber ein kundiger Weinberater sein, der weiß, wovon er spricht. Überhaupt, wer Winzerzimmer vermietet, muss selbst ein Weingut haben oder mit einem solchen zusammenarbeiten, um dem Gast Wein, Weinverkostungen und Kellerführungen anbieten zu können.
Apropos Winzerzimmer: Genau genommen gibt es in der Südsteiermark, anders als in anderen Weinbauregionen Österreichs, nur „Weinbauern", keine „Winzer" mehr.

Die Winzer waren einst jene, die für die Weinbauern im Weingarten und im Keller arbeiteten und keine eigenen Rieden hatten – dafür durften sie in den heute so begehrten Kellerstöckeln und Winzerkeuschen wohnen.

Aber so eng sieht das heute kaum noch jemand, die richtigen Winzer gibt es schon seit gut 50 Jahren nicht mehr, und unter den Weinbauern selbst wird der Ausdruck „Winzer" immer öfter gebraucht. Deshalb wollen wir nicht ganz so streng damit sein, auch wenn der amtierende Bürgermeister, Karl Wratschko, der hauptberuflich Hotelier und Wirt des gleichnamigen Landgasthauses am Marktplatz ist, gleich auf den kleinen und feinen Unterschied verweist.
Jedenfalls, die „Weinbauern" oder, besser gesagt, die „Weinbäuerinnen" haben den Übernachtungsgast für sich entdeckt, und mittlerweile gibt es in Gamlitz 95 Beherbergungsbetriebe mit 1150 Gästebetten und knapp mehr als 3000 Einwohner. Vom Massentourismus

Gamlitzer Service Taxi

Ein genialer Coup ist den Gamlitzern mit ihrem Gästetaxi gelungen: Wer in einem der hundert Mitgliedsbetriebe nächtigt, fährt mit diesem Taxi-Service, zwischen Ende April und Anfang November, kostenlos von Buschenschank zu Buschenschank. Weinverkostungen und Weineinkauf (auch diesen Transport besorgt das Gästetaxi!) werden somit zum risikolosen Vergnügen, denn das Auto bleibt dort, wo man eingecheckt hat!

ist man gottlob noch weit entfernt, obwohl man das an den herbstlichen Wochenenden an der Südsteirischen Weinstraße manchmal bezweifeln mag.
Der größte Beherbergungsbetrieb ist der Weinlandhof, der ebenfalls zur Bürgermeisterfamilie gehört, mit einhundertvierzig Betten, ansonsten sind die Strukturen eher klein und familiär. Für die Zukunft sieht der joviale Ortsvater für seine Schäfchen einen Weg, der keinesfalls zur „Masse" hinführt – er will die Identität gewahrt wissen. Nur vom Ganzjahrestourismus darf man noch träumen, denn bislang erstreckt sich die touristische Saison von März bis November, danach fallen Buschenschanken und Beherberger in denselben Winterschlaf wie die Weinberge.
Was also tun hier im Winter, fern von Skipisten und Thermen? Doch gar so fern sind die Pisten auch wieder nicht, findet zumindest der Oberste der Marktgemeinde. Wintersport wäre naheliegend, Marburg und ein passables, slowenisches Skigebiet nicht zu weit.
Nun, die Wintersportgäste der heutigen Zeit sind verwöhnt, kaum einer, der nicht mitten im Skigebiet wohnen will, aber wer weiß, vielleicht ist die Anziehungskraft des Weines so groß, dass die (grenzüberschreitende) Anfahrt in Kauf genommen und Gamlitz in Bälde als weinseliger Skiort oder wintersportlicher Weinort bekannt wird.

Während der Saison setzt Gamlitz jedenfalls auf ein dichtes Unterhaltungsprogramm, das den Ortskern regelmäßig in ein zünftiges Open-Air-Podium verwandelt – und dazu hüllt es sich in auffallend üppigen Blumenschmuck.

Auch dieser „Auftritt" ist die willkommene Langzeitfolge eines Ereignisses, das bereits 1995 stattgefunden hat, nämlich die Beteiligung an der Entente Floreale, einem europaweiten Blumenschmuckwettbewerb. Den hat Gamlitz damals einstimmig gewonnen und es darf somit den Titel des „schönsten Blumendorfes Europas" tragen.
Kaum ein Wochenende, an dem nicht ein Fest steigt – am Palmwochenende die Frühjahrsweinkost, im April die Oldtimer-Rallye

Südsteiermark Classic, im Juni das neu kreierte Weinblütenfest, im Juli die Sommerfestspiele am Weingut Schilhan und der Summertimeblues im Schloss Gamlitz. Den höchsten Besucherandrang verzeichnet eindeutig das Weinlesefest Anfang Oktober – das absolute Veranstaltungshighlight im Jahreskalender!

Die Zahl der jährlichen Nächtigungen kratzt zur Zeit bereits an der Schallmauer von 100 000. Konstant ist hingegen die Zahl der Einwohner, die sich, wie gesagt, bei 3 000 eingependelt hat, wie auch der Anteil der Zweitwohnsitze, der bei 10 % liegt. Dennoch bekommt man den Eindruck, dass sich immer mehr Städter, Aussteiger und Pensionisten ansiedeln, was so manchem Einheimischen gar nicht gefallen mag. Die verstärkte Nachfrage erhöht nämlich auch die Preise, die für alte Winzerhäuser in schöner Aussichtslage ins Unermessliche steigen, denn sie sind rar und nicht vermehrbar. Verlangt wird daher, was der Markt eben hergibt, und wenn sich jemand mit dicker Brieftasche unbedingt und sofort seinen Traum vom Wohnen im Weinland verwirklichen will, dann kostet es eben. Ansonsten heißt es: Bitte warten – oder erben! Aber am besten ein richtiges Haus mit Hausnummer, dessen Bestand bis zum doppelten ausgebaut werden darf, denn ein Kellerstöckl, und sei es noch so malerisch, hat meist keine Nummer und muss von der Größe her bleiben, wie es ist – und diese ist meist zu klein, wurde doch das Häuschen einst nur als behelfsmäßige Unterkunft gedacht und konstruiert.

Es gibt aber auch „Auswärtige“, die die Südsteiermark zu ihrem Hauptwohnsitz erkoren haben, nicht nur für einige Wochenenden im Jahr. Darunter ist manch Prominenter, wie etwa der bekannte Arzt, Psychotherapeut und Buchautor Rüdiger Dahlke, der am Labitschberg sein persönliches Refugium gefunden hat.

Fest steht, ein Problem teilt Gamlitz nicht mit vielen anderen Gemeinden – es hat keine Abwanderung. Natürlich gibt es veränderte Strukturen wie überall. Familien lebten früher zu mehreren Generationen auf einem Hof, heute suchen sich die Jungen Wohnungen,

Naturpark Steirisches Weinland

In allerlei Tourismusprospekten oder anderen Werbematerialien taucht die Bezeichnung „Naturpark Steirisches Weinland" für das 420 Quadratkilometer große Gebiet mit seinen insgesamt 42 000 Bewohnern auf — doch was steckt tatsächlich hinter der blumigen Formulierung?

Beim Naturpark geht es um die Erhaltung und den Schutz einer durch Jahrhunderte geprägten Kulturlandschaft, und darum, diese in ihrer Vielfalt und Schönheit zu bewahren. Und das geschieht u. a. durch Lenkung der Besucherströme, Information, sanfte Mobilität und Naturschutz. Der Naturpark soll Erholung bieten (z. B. durch Wander-, Rad- und Reitwege), über ihn soll die Lebensqualität der Einwohner steigen und die Wertschöpfung erhöht werden sowie durch interaktive Bildungsformen wie Themenwege und Informationszentren Zusammenhänge in der Natur erlebbar gemacht werden.

Weitere Information:
www.naturparkweinland.at

derer in den vergangenen Jahren über zweihundert neue entstanden sind, und sie suchen Arbeit, die sie vor allem im Tourismus und bei den größeren, gewerblich geführten Betrieben finden. Also bleiben sie, denn die Lebensqualität in Gamlitz scheint zu stimmen: Es gibt zwei von den so wichtigen Kindergärten, die den vielbeschäftigten Müttern (Haus, Kinder, Wirtschaft und oft noch Zimmer und/oder ein Buschenschank!) das Leben erleichtern, eine Volks- und eine Hauptschule, Bank, Post, den Kulturort „Alte Klosterschule“, dazu die Freiwillige Feuerwehr, die auch als Verein einen bedeutenden sozialen Faktor darstellt. Wer etwas auf sich hält, gehört dazu, oder zu den Jägern, oder zu beiden. Oder zum Eisschützenverein, zum Theaterverein, zum Schachverein oder einer der vielen anderen Gemeinschaften, in denen die Gamlitzer ihr gesellschaftliches Leben pflegen.
Ach ja, noch etwas hört der Bürgermeister gar nicht gern, wenn von der Südsteiermark die Rede ist. Steirische Toskana – was bitte schön soll denn das?! Schließlich ist die Südsteiermark etwas Eigenes, selbst wenn die Pappeln auf den Hügeln entfernt an die Zypressen der Toskana erinnern. Das hügelige Weinland mit den Klapotetz und den Weinstraßen und den besonderen Weinen und den Weinbauern und dem milden Klima und der gastfreundlichen Atmosphäre, das gibt es eben nur hier. Punkt.
Und damit hat er ganz recht, der Herr Bürgermeister!

Adressen:

Weingut und Rebschule Grasmuck
Obere Hauptstraße 51
Tel. 03453/2278
www.grasmuck.net

Wratschko
Landgasthof und Hotel am Marktplatz
Tel. 03453/2647
www.wratschko

SCHILCHER
e
Isabella

Noch mehr Weinstraße

Die Südsteirische Weinstraße beginnt offiziell mit Strass, auch wenn von Hügeln und Wein noch nicht viel zu sehen ist. Bereits in Vogau verheißt eine durchaus beeindruckende Botschafterin kommende Genüsse.

Die nicht zu übersehende Vinofaktur der Brüder Erich und Walter Polz offeriert gleich zur Begrüßung – oder auch zum Abschied – so ziemlich alles, was es in der Südsteiermark an Köstlichkeiten gibt. Dass es hier eine umfangreiche Auswahl der besten, nicht nur hiesigen Weine gibt, dürfte keine Überraschung sein, aber es wartet noch einiges mehr: Kürbiskernöle, liebevoll gefertigte Marmelade- und Essigvariationen, Säfte aller Art und selbstverständlich feinste Destillate. Weiters verführen Delikatessen wie Pasteten, Würste, Schinken, Käse und Aufstriche, allesamt heimische Produkte, zum Mitnehmen. Letzte Errungenschaft ist das riesige Genussregal, das mit einer Länge von 60 Metern den regionalen kulinarischen Errungenschaften nicht nur ein imposantes Denkmal setzt, sondern zum aktiven Erleben und Degustieren einlädt.

Schon viel näher dran am Wein fühlt man sich einen Katzensprung weiter, nämlich in Ehrenhausen.

Kurvenreich schlängelt sich die Straße durch das prächtige barocke Örtchen, das wirtschaftlich gesehen etwas ins Hintertreffen geraten ist. Vor einigen Jahrzehnten fuhr man noch von Gamlitz nach Ehrenhausen, um dieses oder jenes zu erledigen, heute ist es umgekehrt. Das traditionsreiche Georgischlössl, die barocke Pfarrkirche, das prachtvolle Mausoleum der Eggenberger und das Schloss Ehrenhausen, das über den Häusern thront, sind die Aushängeschilder des Ortes, ein Regionalmuseum Steiermark/Štajerska am Hauptplatz bietet interessante Informationen über die Geschichte der ehemaligen Untersteiermark. In den Blickpunkt rückt Ehrenhausen heutzutage als Start- und Zielpunkt des „Welschlaufes“, eine fordernde Strecke durch die Hügellandschaft, die in verschiedenen Längenvarianten bis hin zum Marathon zu bewältigen ist.
Auf den Spuren des Weines wird man sich womöglich eher für die Vinothek der „Erzherzog Johann Weine“ interessieren, hinter der eine traditionsreiche Erzeugergemeinschaft von rund zweihundertfünfzig Weinbaubetrieben und circa 180 Hektar Weingärten steht, die aus allen drei steirischen Weinbaugebieten stammen, also

nicht nur aus der Südsteiermark. Schon 1916 hat sich eine Handvoll Weinbauern zusammengetan, um im eindrucksvollen historischen Weinkeller – der nach Voranmeldung auch besichtigt werden kann – des Schlosses Ehrenhausen möglichst effizient Weine zu keltern und gemeinsam zu vertreiben (Hauptstraße 34, Ehrenhausen, Tel. 03453/2423).

Nun geht es wieder in die Weinberge, wo wir bei Buschenschanken und Gasthäusern schon in deren Genusswelten eingetaucht sind, es aber immer noch mehr zu entdecken gibt. In Berghausen ist zum Beispiel die traditionsreiche Weinbaufamilie Regele zu Hause. Früher für seine „Platscher Perle" berühmt und stark auf Mengenproduktion ausgerichtet, setzt Georg Regele heute auf feine Qualität. Den halbsüßen Sprudel gibt es aber immer noch, denn Perl- und Schaumweine haben Tradition in diesem Weingut, auch wenn ihm heute der trockene, fein moussierende „Resecco" den Rang ablaufen hat.

Ebenfalls in Berghausen hat der berühmteste Winzer der Region, Manfred Tement, nicht nur sein weinarchitektonisch bemerkenswertes Weingut, sondern mit Zieregg seine berühmteste Riede

gleich vor der Haustür. Hier am Zieregg steht ein kleines Karmeliter-Bergkirchlein, wo im Sommer regelmäßig Messen gelesen werden. Eben erst aus der Taufe gehoben ist das Wirtshaus mit der schönen Aussicht, das sich auf große Flaschen spezialisiert hat und sich dementsprechend „Magnothek" nennt.

Zieregg in Berghausen steht auch in der Anschrift von Felix Weinstock, der sich mit seinen hausgemachten Köstlichkeiten wie Aceto Balsamico, Essig, Öl, Marmeladen und Chutneys unter Feinschmeckern längst einen Namen gemacht hat.

Unweit von hier liegt das Bärengehege, das gestrandeten Braunbären eine neue Heimat gibt. Sie stammen aus Zoos, Zirkussen und aus schlechter Haltung vor allem in den Ostländern, wo einige der Tiere sogar zum grausigen Hundekampf eingesetzt wurden. Wie „bärengerecht" die Haltung ist, ist für einen Laien schwer zu sagen, so viel Beton und Gitter wirken schon irritierend – aber auf der anderen Seite scheinen die zotteligen Burschen ganz friedlich und zufrieden und freuen sich tierisch über die Karottenstückchen, mit denen man sie verwöhnen darf. Bedrohung für die Umgebung sind sie wohl keine, denn als einmal einer der Bären ein versehentlich offen gelassenes Tor zur Flucht nutzte, drehte er noch vor der Hauptstraße wieder um und spazierte zurück in sein vertrautes Gehege – da war die Furcht vor zu viel Freiheit größer als die Abenteuerlust!

Über Spielfeld führt ein weiterer Weg auf die Weinstraße, und auch diese Ecke hält für den Besucher einige Besonderheiten bereit. Mehr Weinstadl als Buschenschank ist der Holler, und er nennt sich selbst so. Er ist groß genug für Riesenfeste und Hochzeiten und bietet

außerdem einen traktorgezogenen Weingartenexpress, mit dem man durch die Landschaft knattern kann.
In der Nähe liegen die Weingüter Neubauer, Kugel und Primus, wobei hinter Letzterem wieder ein Polz steckt – oder eine Polz, besser gesagt, Martha, die mit ihren Söhnen Christian und Thomas das Weingut und im Polz-Stammhaus den dazugehörigen, wunderschönen und traditionellen Buschenschank betreibt.

Christian macht nicht nur Wein, sondern auch edlen Balsamico aus einer Beerenauslese und edelsaure Salatwürze aus Sauvignon blanc, die anderswo Verjus genannt wird.

Das große Polz-Weingut der Brüder Walter und Erich befindet sich noch näher an der slowenischen Grenze, und wie schon zuvor erwähnt, gehört ein besonders kreativer Buschenschankbetrieb dazu. Das Hotel „An der Lage – Hochgrassnitzberg" gehört zu den Top-Hotels der Region: klein, fein, mit nur zehn Zimmern, aber architektonisch bemerkenswert, denn hier wurde ein bestehendes Steinhaus in eine moderne Bauform integriert.
In Ratsch sind wir mittendrin im Leben der Weinstraße, ein bekannter Name reiht sich an den nächsten: Rebenhof, Pilch, Maitz, Zweytick, Kögl, die Kästenburg, das älteste Weingut an der Weinstraße, das seinen Namen von den beiden uralten Kastanienbäumen hat – sie alle kamen bereits an anderer Stelle ausführlicher zu Ehren. Was die Qualität der Lagen betrifft, ist der Nussberg das stolze Flaggschiff, und mit ihm das Weingut der Familie Gross.
Der Ort Ratsch besteht aus verstreuten 169 Häusern und 454 Einwohnern, und sein Zentrum liegt nicht unmittelbar an der Weinstraße, sondern etwas talabwärts im Ratscher Graben. Aber natürlich ist die Weinstraße die Lebensader für Ratsch, das sie sogar im Wappen führt!
Wenn man zum Joseph kommt, der eine „art hotel" ist, befindet man sich schon im Sulztal oder, richtigerweise, in Sulztal, denn gemeint ist eine Gemeinde und kein Tal. Der Joseph ist ein kleines,

verstecktes Hotel, idyllisch und liebevoll gestaltet und man sieht gleich, dass die Gastgeber vor Kreativität und Spiritualität nur so sprühen – was kein Wunder ist, wenn man weiß, dass die Besitzer, Joseph und Edith Prein, sich selbst als Künstler betätigen. Das Gasthaus Tscheppe ist ein nahes und beliebtes Ziel, und der Name Dreisiebner hat hier seinen Schwerpunkt. Zwei Familien des Namens führen das bekannte Stammhaus Dreisiebner mit Weingut und wunderbarem Buschenschank, und Hannes Dreisiebner ist in der Weinwelt ein fixer Begriff. (Sein edelster Wein ist der „Sauvignon Hochsulz Reserve", der stolze 14 Vol.-% mitbringt und mit allen Attributen eines großen Weines ausgestattet ist.)

Und dann gibt es noch die Weinidylle Dreisiebner, die sich abseits der geschäftigen Weinstraße versteckt in die Weingärten schmiegt, und die die Bezeichnung „Idylle" nicht umsonst führt.

Zum alten Bauernhaus kam ein modernes, luftig gebautes Gästehaus mit Buschenschank dazu, und weil dies alles gar so gelungen ist, erhielten diese Dreisiebners dafür den Baupreis des Naturparks Südsteirisches Weinland.

Was gibt es noch Bemerkenswertes in Sulztal? Die Regele Keuschn des Gottfried Kermann ist auf jeden Fall eine Erwähnung wert, und wenn er im Herbst sein Standl geöffnet hat, lohnt es sich, die Kürbiskernkreationen und seine Spezial-Kernölpizza zu versuchen – auch wenn Letztere etwas befremdlich anmutet, klingt sie als „Watschga" bezeichnet schon ein wenig steirischer und schmeckt gleich noch einmal so gut.

Von Sulztal führt die Straße über Eckberg nach Gamlitz, uns aber zieht es weiter nach Glanz, das sich am Eorykogel mit der „größten Weintraube der Welt" schmückt, gefertigt aus buntem Glas und Edelstahl. Einen grandiosen Ausblick bietet der Lube-Kogel nahe dem bekannten Weingut Tschermonegg, wo sich auch ein Poststein aus dem Jahre 1747 befindet, dessen Herkunft einigermaßen rätselhaft ist.

So fing es an

Die Südsteirische Weinstraße wurde am 15. Oktober 1955 feierlich eröffnet. Das erste Teilstück entstand zwischen der Kästenburg und dem Rebenhof, und was ursprünglich nicht mehr als ein Güterweg war, sollte bald zur pulsierenden Lebensader der Region werden. Eine Besonderheit war auch, dass sie sich in Zeiten des Eisernen Vorhangs hart an der Grenze zu Jugoslawien dahinzog und an zwei Strecken sogar als neutrale Straße geführt wurde, die als Grenze ohne Schlagbaum fungierte. Die geborene Grazerin Emmy Bullmann ging als tatkräftige Pionierin in die Geschichte ein, auch die Jakopés von der über 300 Jahre alten Kästenburg sind eng mit der Entstehung verbunden.

In die Schlagzeilen geriet die Straße 2005, als ein slowenischer Jurist durch eine Straßenblockade eine Grundstücksablöse erzwingen wollte. Ruhe kehrte erst 2007 ein, als er den darauffolgenden Prozess in Maribor verlor.

Glanz ist bekannt für seine Wandertouren, mehr als 22 Kilometer lang zieht sich etwa die Glanzer Hoftour von einem Gehöft zum nächsten, insgesamt zu neun verschiedenen, von denen alle etwas Besonderes zu bieten haben – seien es Pferde, Himbeeren, Äpfel oder Marmeladen! Wunderbare Gasthäuser gibt es hier so viele, dass die Wahl schwer fällt: Jägerwirt, Sabathihof, Marhorko, Abels Wirtshaus oder das von drei Hauben gekrönte Restaurant Kreuzwirt am Pössnitzberg. Gleich daneben steht das feine, stylishe Wein-Genuss-Hotel, das – geführt von Martha Polz – zur gepflegten Übernachtung einlädt.

Schlossberg steht für Bio-Winzer (Roland Tauss und Sepp Muster), ausführliche Wanderungen (Grenzwanderweg, Mühlenwanderweg) und die Zwerg-Zebuzucht am Remschnigg der Familie Muster, deren Endergebnis z. B. in der Buschenschank Repolusk verkostet werden kann.

Leutschach hat inmitten dieser ausgeprägten Weingegend etwas Einmaliges zu bieten, ist es doch das einzige Hopfenanbaugebiet der Steiermark; so liefert es den Hopfen für das würzige Reininghaus Jahrgangspils.

Die stattlichen Bürgerhäuser des hübschen Ortes zeugen denn auch von einer wohlhabenden Vergangenheit, und mit vorzüglichen Gaststätten ist der Ort bestens ausgestattet – von „T.O.M. am Kochen“ über Tscheppe, vom Rebenlandhof bis zum Zach lässt es sich in sämtlichen denkbaren Stil- und Geschmacksrichtungen schmausen. Das Knielyhaus dient als Kulturzentrum und als Vinothek nicht nur für Leutschach, sondern genauso für die „4 Rebenland-Gemeinden“, zu denen auch Glanz, Schlossberg und Eichberg-Trautenburg gehören.

Letzteres liegt aber nicht an der „klassischen“ Weinstraße, sondern an der Klapotetzstraße, die etliche reizvolle Momente und Plätze bereithält und sich malerisch über die Kämme der Windischen Bühel schlängelt. Sehenswert sind eine Wassermühle, der Weinkulturgarten beim Weingut Kollerhof mit einer modernen Version des Klapotetz und die Kreuzbergwarte – abgesehen von den großartigen Weinbauern, die hier ihre Rieden pflegen, wie Strablegg-Leitner, Skringer, Wildbacher oder der junge Jaunegg.

Adressen:

Vinofaktur
Südsteirisches Genussregal
An der Mur 13, Vogau
Tel. 03453/40677-320
www.vinofaktur.at

Weingut Regele
Ewitsch 34
Ehrenhausen
Tel. 03453/2426-0
www.regele.com

Gottfried Kermann
Sulztal 24
Tel. 03453/20024
www.kuerbiskerne.at

Weinidylle Dreisiebner
Sulztal an der Weinstraße
Tel. 03453/2809
www.weinidylle-dreisiebner.at

joseph — eine art Hotel
Sulztal an der Weinstraße 13
Tel. 03453/4575
www.joseph-hotel.com

Weinstadl Holler
Rosenberg 89
Spielfeld
Tel. 03453/5078
www.holler-weine.at

Magnothek & Wirtshaus
Zieregg 13
8461 Berghausen
Tel. 03453/22122
www.magnothek.at

Felix Weinstock
Zieregg 2
Berghausen
Tel. 03453/4009
www.felix-weinstock.at

Hotel an der Lage
Hochgrassnitzberg
Tel. 0316/429191-12
www.anderlage.at

Die jungen Wilden

Neue Generation – neue Visionen

Als sich vor nicht allzu langer Zeit ein Journalist für ein angesehenes Gourmetmagazin auf die Reise machte, um über die südsteirischen Weinmacher zu berichten, stellte er zu seiner Überraschung fest, dass er es praktisch auf jedem Weingut mit einem Vertreter der jungen Generation zu tun hatte. Sofort geriet ihm dieser Umstand zum Aufhänger der Story, obwohl ursprünglich gar nicht beabsichtigt, und so bekamen die „jungen Wilden“ ihre ersten Schlagzeilen. Mittlerweile hat sich der steile Aufstieg der neuen Generation herumgesprochen, der bei einigen Gütern eine logische Fortsetzung des hohen Qualitätslevels ist, bei anderen auf besonderer Eigeninitiative des Nachwuchses beruht.

Jedenfalls – wie sagte es Erwin Sabathi so treffend: „Nur wer den Generationenwechsel harmonisch hinbekommt, hat eine Chance, an der Spitze zu bleiben ...“

Unter diesem Aspekt sieht es also gut aus in der südlichen Steiermark, man braucht nur einen Blick auf die Renommierg.

werfen, die alle ihre hoffnungsvollen Thronfolger gefunden haben. Einige von ihnen stecken zwar noch in der Ausbildung oder sind erst teilweise in den Betrieb eingebunden – wie bei den Sattlers oder bei der Polz-Familie, wo mit Christoph ebenfalls ein potenzieller Shootingstar in den Startlöchern steht –, aber schließlich kratzen deren Eltern auch erst gerade an den Fünfzigern, so dass übertriebene Eile nicht geboten scheint.

Andere wiederum gehen bereits eigene Wege und geben dem Wein ihre persönliche Prägung, siehe Hannes Gross am Nussberg, wohlwollend beobachtet vom Senior, der mit seinem eigenen Qualitätsstreben das Terrain für die Junioren bestens aufbereitet hat.

Und das ist wohl der große Unterschied zur vorherigen Generation: sie musste sich den Weg an die Spitze mühselig und hartnäckig erkämpfen, da war nichts als der Traum von einem guten, steirischen Wein und einem besseren Leben. Dass sie es leichter haben, kann man den Jungen aber wohl schwer zum Vorwurf machen. Man spürt allerorts, wie sehr sie die Arbeit ihrer Eltern schätzen – was nicht unbedingt bedeutet, dass sie nicht neue Ziele haben, denn auch in der Südsteiermark bleibt die Zeit nicht stehen.

Am deutlichsten zeigt sich an den Märkten, wie klein die Welt geworden ist. Waren früher Graz und Wien im Fokus, so werden heutzutage feine Steirerweine auch in den besten Restaurants von Tokio und New York aufgetischt.

Und die Herausforderung lautet, sich international Gehör und einen guten Ruf zu verschaffen.
Der „Zaubertrank", mit dessen Hilfe dies zum Teil schon heute gelingt, heißt Sauvignon blanc – ein Vermächtnis der Generationen zuvor, das sich nun unter den Händen der Jungen zum überzeugenden nationalen und internationalen Botschafter der Region entwickelt.

Katharina Tinnacher

Weingut Lackner-Tinnacher

Steinbach 12
Gamlitz
Tel. 03453/4841
www.tinnacher.at

Mit wem auch immer man spricht, der am internationalen Markt mitmischt oder mitmischen möchte – eines ist allen klar: die steirischen Weine werden immer eine Spezialität und ein Nischenprodukt bleiben. Bedingt durch die Größe, oder sagen wir passender die Kleinheit, des Gebietes und durch die schwierigen und aufwendigen Anbaumethoden, die die steilen Weingärten und das spezielle, feuchte Klima mit sich bringen, ist es unmöglich, mit den Industrieweinen der Neuen Welt preislich mitzuhalten. „Wir können nur noch besser, noch reiner werden und noch mehr die Herkunft in unseren Weinen herausarbeiten", meint Kathi Tinnacher, eine der wenigen Weinmacherinnen im Reigen der „jungen Wilden", die so wild oft nicht mehr sind.

Im Gegenteil, für ihre 25 Jahre klingt die selbstbewusste Jungwinzerin (Pardon, Jungweinbäuerin!) ganz schön vernünftig. Experimente hie und da – wie mit einer biodynamischen Versuchsfläche oder dem Verjus – dürfen schon mal sein, aber am konsequenten Qualitätsweg, den die Eltern Wilma und Fritz mit dem traditionsreichen Weingut Lackner-Tinnacher gegangen sind, daran wird nicht gerüttelt. Qualitätssache ist schließlich eine Frage der Familien- und Hofehre und weil es, erstens, eines der traditionsreichsten Weingüter der Südsteiermark ist und, zweitens, geschätzte Verwandtschaft der Autorin noch dazu, wollen wir einen detaillierteren Blick in die Vergangenheit werfen.

Seit Jahrhunderten wurde in der Familie Weinbau betrieben, vier Weingärten sind ausführlich im Josefinischen Kastaster von 1787 beschrieben. Peter Dreisiebner, der auch angesehener Erbrichter und Kammerfunktionär war, ist in die Geschichte eingegangen, als er schon 1942 reinsortig geerntet hat. Er hegte und pflegte eines der ersten Sauvignon-Quartiere in der Region, weil er der Rebsorte in dem hiesigen Terroir beste Chancen eingeräumt hat.
Sein Nachfolger, mein erst kürzlich verstorbener Onkel Franz, hat den Weg fortgesetzt und ist stets konsequent dem Weg der Erstklassigkeit gefolgt. Die Reben wurden immer in Richtung Qualität selektioniert, und noch heute wachsen hier uralte Rebstöcke der Altvorderen, die ganz besondere Trauben hervorbringen – klein, aber sehr intensiv und würzig im Geschmack. Das Erbe des kinderlos gebliebenen Franz Lackner ging dann an Cousine Wilma, die im Herbst 1977

das Weingut noch als gemischte Landwirtschaft übernahm und bald darauf den Silberberg-Absolventen und Weinbauern Fritz Tinnacher ehelichte. Dessen Eltern besaßen zwar einen Buschenschank in Leibnitz und auch Weingärten – die hervorragende Lage Welles stammt von den Tinnachers –, aber kein Weingut.
Und so fügte sich alles bestens. Der Fritz entpuppte sich genau so als Qualitätsfanatiker wie die Generationen vor ihm, vielleicht nicht ganz zufällig, hat er doch seine Lehrzeit just bei Peter Dreisiebner geleistet. Der Zukauf von Trauben kam ihm nicht im Traum in den Sinn, und selbst als die kleinen Barriquefässer groß in Mode waren und allerorts damit eifrig experimentiert wurde, kam ihm keines davon in den Keller.
Jetzt heißt das Weingut mit dem Hofnamen Pauljörgl, nach Dreisiebner und Lackner eben Lackner-Tinnacher, und das Lackner wird vielleicht auch irgendwann aus dem Namen verschwinden, aber zumindest für die nächste Generation ist es noch gewiss und ebenso gewiss ist das kompromisslose Streben nach dem besten Wein. Das prächtige Haupthaus des Gutes ist rein äußerlich dasselbe geblieben, sein Inneres ist in schönster Ausprägung in der heutigen Zeit angekommen, was etwa der schlicht-elegante Verkostungsraum und die schnörkellose Holzkonstruktion des neuen Kellers dokumentieren. Bei allen aktuellen und künftigen baulichen Vorhaben wird Uli, die jüngere Tinnacher-Tochter, ihr Know-how und ihre Handschrift einbringen – sie studiert höchst erfolgreich Architektur.
Wo immer man Fachkundiges über den Betrieb liest, in Büchern, Wein-Guides oder Presseartikeln, stets wird die konsequent gleichbleibende Qualität auf höchstem Niveau gelobt, die zeitlos elegante Linie hervorgestrichen. Zum Glück liegt die junge Kathi voll auf der Linie ihrer Vorfahren, und dass sie einen kräftigen Schuss Zeitgeist einbringt und durch ihre beiden Studien (Bachelorstudium für Weinbau, Önologie und Weinwirtschaft sowie ein Masterstudium an der Universität für Bodenkultur) einen etwas anderen Zugang hat als der Papa, das darf man ruhig als Garantie dafür nehmen, dass dieses Weingut auch in der nächsten Generation auf der Höhe der Zeit bleiben wird!

Zu den Neuerungen gehört das Thema biologischer Anbau, damit experimentiert die ambitionierte Kathi auf einem Hektar der Flamberger Böden.

Doch die Umstellung des Gutes auf Biodynamik steht nicht bevor, bislang ist nur der Verjus aus diesem Garten in der Flasche gelandet – jener saure Traubensaft aus grün geernteten Trauben, der neuerdings in den Feinschmeckerküchen Karriere macht. Aber die Sache mit dem Verjus, das ist nur eine Spielerei am Rande, auch das Verarbeiten des vielen feinen Obstes, das dort wächst, wo es dem Wein nicht ganz so gefällt, ist nur eine Nebenerscheinung beim Lackner-Tinnacher. Ein altes Zertifikat von Maria Theresia weist den Hof als Traditionsbrennerei aus – gebrannt wird allerdings nur, wenn Quitte, Apfel oder Kriecherl besonders gut gereift sind! Und das heißt wiederum, dass hier die Destillate vom Feinsten sind, denn entweder gibt es Spitzenklasse oder gar nichts. Punktum.
Ansonsten steht im Mittelpunkt der Wein, der Wein und nochmals der Wein! 21 Hektar gilt es zu bewirtschaften – und keine einzige Traube aus fremden Weingärten verirrt sich dabei in den Keller. Auf besten Lagen in Steinberg und Eckberg und im Sausal wachsen vornehmlich Sauvignon und Burgundersorten, für die Katharina eine besondere Vorliebe hegt. Überall schützen Wälder, Obstbäume und Wiesen das günstige Kleinklima, die Weingärten werden besonders sorgfältig gepflegt, denn der Wein, so das einstimmige Credo der Tinnachers, der entsteht im Weingarten und nicht im Keller!
Die Lagen weisen sehr unterschiedliche Böden auf, was die Sache für die Weinbauern selbst noch spannender macht, denn schließlich ist es ihnen ein ausgesprochenes Anliegen, möglichst viel Herkunft und Terroir in die Flaschen zu bringen. Diese Gebinde werden übrigens seit Jahren mit einem erlesenen Glasstöpsel verschlossen, was den Trinkgenuss unweigerlich noch einmal steigert, auch wenn man fest entschlossen ist, sich von solchen „Äußerlichkeiten“ nicht beeinflussen zu lassen.

Die Hauptrolle unter den Sorten spielt natürlich der Sauvignon blanc, die Klassik-Variante stammt von lehmhältigen, der „Steinbach" von schottrigen und sandigen Böden und das Flaggschiff, der „Sauvignon Welles" gedeiht auf steinigem, mineralischem Untergrund und sandigem Oberboden. (Die 2008er-Ausgabe überzeugte im Falstaff übrigens mit 92–94 Punkten, der Sauvignon Steinbach 09 ging bei der „Steiermark Sauvignon blanc-Verkostung" von À la carte als Sieger hervor.) Weißburgunder, Morillon und ein begehrter Grauburgunder Steinbach gehören ebenso zum Repertoire wie der Gelbe Muskateller, der sowohl von jungen Reben als auch in ganz besonderer Qualität von 47 Jahre alten Stöcken aus der Lage Gamitz (dieser Berg und diese Lage führen kein „l" wie Gamlitz im Namen) gekeltert wird.
Besonders herausfordernd wird es für Katharina, die im Gleichklang und in Abstimmung mit dem Papa agiert, am Sausaler Flamberg, in dem jenes Gut liegt, das von den Großeltern mütterlicherseits stammt und das, abgesehen von den allerbesten 5 Hektar, zumindest noch vorläufig verpachtet ist. Muschelkalkboden und ein anderes Mikroklima ergeben einen vollkommen unterschiedlichen Typus von Terroir als die übrigen Lagen, was unverkennbar in diesen Sauvignons und Burgundern zum Ausdruck kommt.

Viel hat sich die Kathi vorgenommen – sie will für die internationale Anerkennung der steirischen Weine kämpfen und wahrgenommen werden in der „großen, weiten Weinwelt".

Bei den wichtigen Verkostungen bekommt sie ganz deutlich zu spüren, wie viel Arbeit noch geleistet werden muss, auch wenn Erfolge und Bekanntheitsgrad zunehmen. Schon zum zweiten Mal wurde sie gemeinsam mit Hannes Gross, als einzige Steirer, zur „Grand Jury Européen" an den Comosee eingeladen, wo internationale Winzer, Journalisten, Gastronomen und Kritiker aufeinandertreffen. Wie man in diesem hochkarätigem Umfeld bestehen kann? Kathi Tinnacher dazu, selbstbewusst: „Wir befinden uns schon auf dem

richtigen Kurs, unsere Weine finden guten Anklang – dennoch müssen wir uns ins Zeug legen, um noch bekannter zu werden."
Wer die steirischen Elite-Jungwinzer kennt, der zweifelt nicht daran, dass ein Sauvignon aus der Südsteiermark selbst für Parker & Co bald zum Weltwein wird.

Verjus — Der milde Sauermacher

Eigentlich ein Nebenprodukt der Weinmacherei, ist diese bei uns weitgehend unbekannte Spezialität schon bei einigen der jungen Kreativen wie Katharina Tinnacher, Christian Polz und Hartmut Aubell zu haben. Der „grüne Saft" (Verjus, aus dem Französischen, gesprochen werschü) von unreifen Weintrauben wird in der Küche als Würzmittel und Essigersatz verwendet und ist drauf und dran, die Spitzengastronomie auch hierzulande wieder zurückzuerobern.

Jawohl, zurückzuerobern, denn im Mittelalter wurde der saure Saft gerne verwendet, bis ihn dann die Zitrone verdrängte. Nur in Frankreich durfte er weiterhin seinen Beitrag in der ländlichen Küche liefern, und vom Land der Haute Cuisine ausgehend erobert er nun seinen ihm angestammten Platz als milder Sauermacher zurück.

Verjus wird aus unreifem Traubenmaterial gewonnen, das aus Qualitätsgründen im Weingarten ausgeschnitten wird, die Trauben werden in der Folge gepresst, der Saft gefiltert und pasteurisiert.

Das Ergebnis ist aufgrund der enthaltenen Weinsäure milder und bekömmlicher als Essig, das Aroma feiner als Zitronensaft. Und damit ergibt sich ein weiterer attraktiver Anwendungsbereich: kühl aufgespritzt als erfrischender, alkoholfreier Sommerdrink.

Hannes Gross

Weingut Gross

Ratsch an der Weinstraße 26
Tel. 03453/2527
www.gross.at

Und wieder sind wir zurück auf dem Ratscher Nussberg, wohin es uns schon auf der Suche nach den Pionieren des steirischen Weines getrieben hat. Luis Gross war eine der treibenden Kräfte, als es darum ging, das Werkl hin zum „richtig guten" Rebensaft in Bewegung zu setzen, und es ist richtig gut in Schwung gekommen – und es arbeitet seither unermüdlich, ohne Kraftverlust.

Vorausschauend hat Alois Gross nicht nur hoffnungsvollen Wein in die Welt gesetzt, sondern ebensolchen Nachwuchs. Die Söhne sind in den Betrieb mittlerweile vollkommen hineingewachsen. Hannes, der ältere, hat die Ausbildung an der Weinbauschule Klosterneuburg vor einiger Zeit abgeschlossen und im Betrieb bereits die Verantwortung für Weingarten und Keller übernommen. Michael hingegen hat soeben sein Studium an der Universität für Bodenkultur beendet und steigt ebenfalls im väterlichen Betrieb ein. In jüngerer Vergangenheit durften die Burschen noch den Duft der großen, weiten Welt, etwa in Neuseeland, erschnuppern, ein klarer Vorteil gegenüber ihrem Vater, für den dereinst die Wachau schon die Welt bedeutete.

Die Jungen wissen, was sie der Eltern-Generation zu verdanken haben, schließlich ist die Straße bereits erbaut, auf der sie den Weg in die Zukunft beschreiten werden – die weitere Marschroute bleibt ihnen selbst überlassen. So hört man es jedenfalls vom Senior und vom Junior.

Als einer der ganz Großen seines Fachs legt Luis Gross eine bemerkenswerte Gelassenheit an den Tag, was den Generationenwechsel und den Umgang mit Wissen und Erbe betrifft. Allerdings, wer – wie seine Kinder – von Geburt an mit dem Wachsen und Gedeihen des Weines und dem unumstößlichen Qualitätsbewusstsein konfrontiert war, dem kommt wohl kaum etwas anderes in den Sinn, als den „besten" aller möglichen Weine zu kreieren. Das Risiko ist also gut kalkulierbar ...

Um die 30 Hektar werden von der Familie bewirtschaftet, diese in den allerfeinsten Lagen, die die Südsteiermark zu bieten hat: Ratscher Nussberg, Sulz, Perz, Kittenberg – Musik in den Ohren des Kenners. Verlässlich rangieren die Gross-Weine Jahr für Jahr unter den besten Österreichs. Besondere Ehre hat der legendäre „Sauvignon blanc Privat 2001" gebracht, der mit 97 Punkten vom Falstaff die höchste Bewertung einheimste, die ein steirischer Wein jemals erreichte. (Der „Privat" wird nur in besonderen Jahren von überreifen Trauben der besten Lagen geerntet und extra vergoren.) Mit 96 Punkten kaum schlechter beurteilt, war auch der „Sauvignon blanc Ratscher Nussberg Große STK Lage 2008" ein großer Wurf und in der Weise könnte man die Aufzählung edler Tropfen weiter fortsetzen. Bis zu drei Jahre lagern hier die Weine, bevor sie trinkreif auf den Markt kommen – wobei sich der Trinkgenuss sogar noch steigern ließe, würden sich die Käufer ein wenig gedulden und den Flaschen im eigenen Keller noch Zeit zum weiteren Reifen geben.

Unter den Gross'schen Rieden hat sich besonders der Nussberg als Lage allerersten Güte etabliert. Und genau dort, mittendrin in der kesselförmigen Süd-Südwest-Lage befindet sich der Hof, wo schon lange Weinbau betrieben wurde, wenn auch von den Großeltern noch in gemischter Form mit Obst- und Ackerbau und Viehzucht, so wie es damals eben üblich war. Aus dem einstigen Bauernhof ist nunmehr ein weinarchitektonisch ansprechendes Anwesen geworden, mit geschmackvollem Verkostungsraum und modernem Keller.
Steil fallen die Hänge mit den Kalkmergelböden ab, bei bis zu 30 Grad Gefälle ist die Arbeit kein Honigschlecken. Bis zu 700 Arbeitsstunden werden aufgewendet, um dem Weinberg jene Pflege angedeihen zu lassen, wie es den Vorstellungen der Gross-Männer entspricht. Wieder ist man dabei, die Schnitt-Technik im Weingarten zu verbessern und die Mitarbeiter entsprechend zu schulen, wie überhaupt der Weingarten den Löwenteil an Arbeitsaufwand beansprucht. Wenn in der Lesezeit fünfzig Leute draußen schuften, reichen zwei, die im Keller die gesamte Ausbeute weiter verarbeiten – auch dank modernster maschineller Ausstattung. Der Gross-Wein entsteht im Kopf, er entsteht im Weingarten und durch das Wetter, er entsteht durch Fleiß und harte Arbeit. Selbst in schwierigeren Jahren können große Weine entstehen, siehe Jahrgang 2010, als der häufige Regen während der Erntezeit die Hoffnungen auf ein großes Jahr zunichtemachte. Was letztendlich herauskam, war zwar gering vom Ertrag, der Wein vielleicht nicht so konzentriert, aber im Gegenzug von einer „Super-Finesse" und mit viel Ausdruck der Herkunft – schwärmen die Weinmacher.

Und die Herkunft ist etwas, was Hannes Gross besonders am Herzen liegt, hat er doch gesehen, dass, je internationaler der Markt, desto wichtiger dieses Kriterium, um unverwechselbar zu sein.

Dies gilt natürlich nicht nur für den Sauvignon, das internationale Flaggschiff, sondern für alle Rebsorten, wobei Letztere an der Zahl ruhig weniger sein könnten, meint Hannes. „Viel wichtiger ist es zu zeigen, was welche Rebsorte auf welchem Boden kann." Dazu müsste allerdings die gesamte Region konsequent daran arbeiten, gemeinsam würde es besser gelingen, Marktwert und Bekanntheitsgrad zu steigern, stellt sich der junge Gross vor, der sich häufig auf internationalem Parkett bewegt.

Ganz klare Ansichten hat er auch vom Idealbild des steirischen Sauvignons, der sich mit den hochgelobten Brüdern aus der Loire und den auflagestarken Produkten aus Neuseeland konfrontiert sieht. Das Ergebnis seiner Analyse klingt vielversprechend: „Der steirische Sauvignon schafft es, die Stärken der beiden zu verbinden, glänzt mit der Mineralik, die die Sancerre-Sauvignons kennzeichnet, aber auch mit Fruchtigkeit, und liefert dazu die Finesse mit guter Säurestruktur." Ein Bild, das Hannes Gross zufolge für alle Rebsorten gelten sollte und draußen, in der Welt, starke Duftnoten setzen könnte, denn „das Wein-Signal aus der Südsteiermark muss einfach und verständlich sein".

Und eigentlich beginnt die „Welt" gleich in der Nähe! Wie andere südsteirische Weinbauern auch, ist die Familie Gross über die Grenze, nach Slowenien, zurückgekehrt, wo sie früher Weingärten besessen und wieder verloren hatte. Schon bald wird der dort gekelterte Furmint als Šipon am Markt sein. Der junge Weinbauer, der einerseits starke Heimatverbundenheit demonstriert, wenn er mit erkennbarem Stolz erzählt, dass er jetzt bei der örtlichen Feuerwehr ist, hat andererseits ein grenzüberschreitendes Herzensanliegen, was die slowenischen Nachbarn betrifft. Ob Österreichischer oder Slowenen, Steirer oder Štajerski, sie alle sollten nur eines sein, nämlich europäische Steirer – und „die Gräben der Vergangenheit sollten endlich überwunden werden".

Freundlich und hilfsbereit ist die Familie Gross bei ihren Aktivitäten in Slowenien aufgenommen worden, was dadurch erleichtert wurde, dass viele von den dortigen Bewohnern Deutsch sprechen. Nun machen sich die Gross daran, ihrerseits die Nachbarsprache zu erlernen, sie büffeln seit einiger Zeit Slowenisch – ihr ganz persönlicher Beitrag zur Völkerverständigung!

Armin Tement

Weingut Manfred Tement

Zieregg 13
Berghausen
Tel. 03453/4101-0
www.tement.at

Tement. Ein Name, der für eine ganze Region steht, ein Name, der viel bewegt hat – und noch immer bewegt. Ein „Big Player", der international vielleicht das meiste Gewicht in die Waagschale zu werfen hat. Schon ein Blick auf die Auszeichnungen lässt erkennen, mit welchem Kaliber man es zu tun hat: die populäre Weinverkostung am Pogusch mit gleich zwei Sauvignons zu gewinnen – hmm, klingt gut, aber es darf noch ein wenig mehr sein. Der Falstaff macht 96 von 100 Punkten locker für den „Zieregg Sauvignon blanc Große STK Lage 2007", womit dieser zum bestbewerteten Wein der Steiermark avanciert. In den USA fallen Tement-Weine genauso positiv auf wie in Singapur und manch Tester drückt sein Bedauern darüber aus, dass die großen Zieregg Sauvignons meist viel zu früh „ausgetrunken" sind, wo sie doch das Potenzial zu großer Lagerfähigkeit haben und erst nach Jahren ihre wahre Größe zeigen.

Nicht zum ersten Mal stoßen wir hier auf den Namen, Manfred Tement war einer von jenen wild entschlossenen Weinbauern-Söhnen, die damals, am Beginn ihrer Karriere, den steinigen Weg zum Qualitätswein eingeschlagen haben, in einer Zeit, als ringsum nur „Wüste" lag oder, besser gesagt, ein Meer von süßen, oft fehlerhaften, nicht durchvergorenen Kopfweh-Tränken. Manfred Tement, in eine Weinbauernfamilie hineingeboren, hatte das Glück, dass bereits sein Vater – als einer der wenigen – ordentlichen Wein produzierte. In dem hauseigenen Buschenschank saßen die Herren dann und philosophierten, wie der Wein zu sein habe und wie nicht. Der Vater starb früh, so dass Manfred, mit seinen erst 16 Jahren, nicht den Pachtvertrag des benachbarten Karmelitergutes übernehmen konnte, wodurch dieses vorübergehend verloren ging. Doch das ist Geschichte, denn heute gehört es längst wieder zum Betrieb. Auch der Buschenschank ist passé, dafür hat der Weinbaubetrieb derart Furore gemacht, wie es sich der Vater selbst in den kühnsten Träumen nicht hätte ausmalen können.

Allerdings, gastronomisch tut sich wieder etwas. In der funkelnagelneuen „Magnothek" lockt regional-bodenständige Wirtshausküche, dazu warten die besten Weine Österreichs und, vor allem, jene des Tement'schen Gutes aus Magnumflaschen. 75 Hektar haben die Tements zur Zeit an eigener Rebfläche, am Grassnitzberg, in Sernau, Sulz und Hochkittenberg, wo auch die Weingärten des Ex- und Neo-Tennisprofis Thomas Muster liegen, die von den Tements mitbetreut werden. Auf der wertvollsten Lage sitzen sie aber praktisch obenauf, denn Zieregg erstreckt sich direkt vor der Terrasse des schon jetzt legendären Weinarchitektur-Tempels, der allein wegen des Baus und des Ausblicks einen Besuch wert ist.

Und damit sind wir mitten in der Gegenwart beziehungsweise Zukunft. Vater Manfred hat begonnen, seine Kompetenzen auf die Söhne aufzuteilen, wobei der jüngere, Stefan, gerade mit der Ausbildung fertig geworden ist. Der ältere, Armin, hätte sicher gerne noch ein wenig länger in den

Kellern fernab der Heimat gelernt, aber ein Riesenbetrieb wie jener der Tements verlangt nach dem Einsatz aller Familienmitglieder. Nach der Vino-HAK in Krems durfte er zunächst bei einigen der feinsten Betriebe Österreichs, bei F. X. Pichler, Umathum und Kracher „praktizieren". Immerhin, ein willkommener Seitensprung ist die Betreuung des Weingutes Capaia in Südafrika, dessen Besitzer größten Wert darauf legen, dass die Sauvignon-Lese von den Tements betreut wird, um möglichst viel vom Stil der Alte-Welt-Bewirtschaftung einzubringen.
Wie die meisten der „jungen Wilden" träumt Armin vom weltweiten Siegeszug des steirischen Sauvignons, auch wenn er die Hürden sieht, die es zu nehmen gilt, bevor die internationalen Kritiker bereit sind, der Südsteiermark dieselbe Akzeptanz entgegenzubringen wie beispielsweise der Wachau. „Wer nicht bekannt ist, hat schon von vornherein 5 Punkte weniger", hadert der junge Weinbauer mit den Gebräuchen der Kritiker, und wer nicht am amerikanischen Markt vertreten ist, wird von einem Parker nicht einmal zur Kenntnis genommen. Nun, dieses Hindernis haben die Tement-Weine eindeutig überwunden, sind sie doch sowohl in den besten asiatischen als auch U.S.-amerikanischen Gourmettempeln gelistet.
Dabei ist für Armin der steirische Sauvignon auf dem richtigen Weg, selbst in so genannten kleinen Jahren entwickelt sich der Stil immer prägnanter. Und der Weg führt stets übers Verändern und Lernen – oft entsteht bei ihm ein Wein schon in Gedanken, noch bevor der erste Produktionsschritt getan ist. „Man weiß, was man diesmal anders machen möchte, man reflektiert die Gespräche mit Kunden, die Meinung der Tester." Damit ist klar: Will der Weinmacher am Markt bestehen, muss er sich nach dem geltenden Trend richten – oder ist stark und bekannt genug, selbst Trendsetter zu werden.
Natürlich wird bei Tement nicht nur Sauvignon angebaut, der jedoch auf beachtlichen 60 % der Rebflächen wächst. Vinifiziert werden alle wichtigen Sorten der Südsteiermark – auf einen Welschriesling wird sicher nicht verzichtet, er gehört zum gebietstypischen Portfolio, genau so wie Gelber Muskateller, Morillon, Weißburgun-

der und Gewürztraminer. Die Roten spielen, wenig überraschend, nur eine Nebenrolle – sie sind mit Pinot Noir, Blauem Zweigelt und Blauem Wildbacher verteten und tauchen auch als Roséwein auf. Vom frisch-fröhlichen „Temento“ bis zum hochnobel gereiften „Sauvignon Zieregg“ reicht die Palette der Weine, deren Traubenmaterial zunehmend aus eigenen Rieden stammt. Nur mehr 10 % werden zugekauft, denn die Vergangenheit hat gezeigt, dass Fremdernten nicht immer halten können, was man sich von einer Flasche, die das Tement-Etikett trägt, erwarten darf.
So hat man sich darauf verlegt, lieber eine feine Riede dazuzukaufen, wenn „was G'scheites“ am Markt ist, wie etwa die 10 Hektar auf der slowenischen Seite der Super-Riede Zieregg. Das Ergebnis ist der „Fosili Breg“, der „Fossilienberg“, von der Domäne Ciringa. 2005 wurde diese Anlage neu mit Sauvignon bepflanzt, 2010 durfte die Ernte erstmals in die Flasche – und sie verspricht eine große Zukunft.

Beim Thema Sauvignon hat der junge Tement ein klar deklariertes Ziel: Der Wein muss in jeder Qualitätsstufe – ob Klassik oder große Lage – typisch steirisch sein!

Mit dieser Ansicht übt er sich im Schulterschluss mit den international agierenden Kollegen. Doch was ist eigentlich „typisch steirisch“? Armin hilft auf die Sprünge: „Frisch muss er sein, aber nicht unbedingt grün, weil die Trauben hier ihre volle physiologische Reife erreichen – anders als in Neuseeland oder Südafrika. Grün und sauer schmeckt er nämlich durch die Apfelsäure, die man in den unreifen Trauben viel stärker schmeckt als in vollreifen. Das ergibt einen steirischen Sauvignon, der frisch und bekömmlich ist, wobei er das Mineralische des Loire-Sauvignons mitbringt, dabei aber fruchtig und leicht zugänglich ist.“
Das also ist das Geheimnis eines typisch steirischen Sauvignon blanc ...

Joachim Skoff

Weingut Walter Skoff

Eckberg 16
Gamlitz
Tel. 03453/4243
www.skoff.com

Wohl kaum einer der steirischen Jungwinzer hatte Gelegenheit, so ausgiebig die Welt zu erforschen wie der junge Skoff. Nicht nur in Sachen Wein, sondern auch im Rahmen seines Betriebswirtschaftsstudiums und der Ausbildung für Internationales Management war er in Neuseeland, Chile und Südafrika (wegen des Weins), außerdem in den USA, in Hongkong, Barcelona und Vietnam (wegen des Studiums). Eine Weinbauschule hat er natürlich auch absolviert, und zwar jene in Klosterneuburg.
Addiert man die Komponenten dieser Bildungswege, so liegen zwei Vermutungen ganz nah: erstens, Joachim Skoff ist ein Weinmacher mit internationalem Durchblick und, zweitens, muss er einem Unternehmen größeren Stils entstammen, das den Rahmen der in der Südsteiermark vorherrschenden Kleinstrukturen sprengen dürfte. Volltreffer! Insgesamt sind es circa 50 Hektar, die die Skoffs ihr Eigen nennen beziehungsweise in Pacht haben, ergänzt durch eine beträchtliche Menge an Traubenzukäufen. Langjährige Verträge und penible Kontrolle sollen die Qualität garantieren, und wenn das Traubengut nicht entspricht, dann geht schon mal eine Ladung retour zum Produzenten, weiß Joachim zu erzählen. Auch bei der Vermarktung scheut man sich nicht, breitere Wege zu beschreiten als viele der südsteirischen Top-Winzer. Weine in die Supermarktketten zu bringen ist für viele von ihnen tabu, sie wollen ihr Produkt nicht zwischen Waschpulver und Essiggurkerl im Regal sehen.

Um den Spagat dennoch elegant zu schaffen, wird es bald zwei Linien von Skoff geben – jene traditionelle, die in Zukunft im Handel erhältlich sein wird, und die neu entwickelte namens „Skoff original", die Premiummarke, sie soll für Gastronomie und Fachhandel reserviert sein. Darüber hinaus lässt sie namentlichen Spielraum für den Kronprinzen des Weingutes, der eben nicht, wie sein Vater, Walter, sondern Joachim heißt.

Seit 2009 ist Joachim voll im Betrieb integriert und teilt sich mit dem Vater die Aufgaben in Weingarten und Keller. Die Erfahrungen, die der Sohn als *winemaker* in der so genannten Neuen Welt machen durfte, flossen jedoch schon früher mit dem traditionellen Wissen des Vaters zusammen. Herausgekommen ist als bestes Beispiel die Linie „Royal", das noble Paradelabel des Hauses, das es als Chardonnay und als Sauvignon blanc, der Lieblingssorte des Hauses, gibt. 14 Monate lagert der edle Sauvignon in gebrauchten und neuen 225-Liter-Barriques und bringt in seiner 2008er-Ausgabe stolze 14,5 Vol.-% auf die Alkoholwaage. Hier machten sich die Chile-Eindrücke des Jungwinzers bemerkbar – wobei die Aufgabe darin bestand, einen eigenen Stil zu finden und nicht einfach jenen der Neuen Welt zu kopieren.

Das Ergebnis fand international Beachtung und sogar der norwegische König orderte etwas vom goldgelben Trank, der mit exotischer Frucht, eleganter Struktur und dezenten Holznoten besticht – und nicht allein mit seiner königlichen Bezeichnung.

Auch von der London International Wine Fair weiß Joachim Positives zu berichten: Zielstrebig steuerte der neugierige Exportmanager einer renommierten Weinfirma den Skoff-Stand an, um den sagenhaften Sauvignon zu verkosten, von dem die Kollegen des neuseeländischen Messestands in höchsten Tönen geschwärmt hatten. Wobei, wie schon erwähnt, Neuseeland neben Frankreich das Sauvignon-Land schlechthin ist!

Auch im Hause Skoff, in dem heute in vierter Generation Weinbau betrieben wird, geht man nun auf die Suche nach der Einzigartigkeit terroirbetonter Weine. Die Vielfalt in der Bodenbeschaffenheit ermöglicht eben auch eine Vielfalt im Ausdruck des Weines. Recht weit verstreut liegen die elf Weingärten der Familie – die Top-Lagen, die die besten Weine liefern, heißen Grassnitzberg, Hochsulz und Obegg.

Mit viel Fleiß hat es Walter Skoff jedenfalls geschafft, sich den Titel „Mister Sauvignon“ zu erarbeiten: In immerhin sieben verschiedenen Stilrichtungen bringen die Skoff'schen Weinmacher die südsteirische Leitsorte auf den Markt – vom „Royal Sauvignon blanc“, den der Falstaff als einen der besten Weißweine Österreichs zu loben weiß, bis hin zum einfachen „Classique“. Nicht zuletzt gibt es bei den Skoffs die übliche steirische Palette, in Flaschen zum Mitnehmen oder auch zum sofortigen Genuss in dem großen Buschenschank mit der schönen Aussichtsterrasse. Für die originellen Schmankerl sorgt Evelyn Skoff, in deren Aufgabenbereich auch die Vermietung der gepflegten Winzerzimmer fällt. Zu übersehen ist der Betrieb übrigens nicht, er liegt direkt an der Südsteirischen Weinstraße zwischen Gamlitz und Sulztal, und schon der markante Namenszug sorgt dafür, dass man nicht ungewollt daran vorbei fährt.

Viel Aufwand steckt in den Keller- und Präsentationsräumen, deren Ausmaße eindrucksvoll sind. Aber sogar diese sind relativ, wie es scheint, denn Joachim hat in Chile ganz andere Dimensionen erlebt, wie er erzählt. Seine Einstellung verspricht jedenfalls auch in Zukunft bemerkenswerte Weine, die die Persönlichkeit des Winzers spürbar machen:

„Ich will den Wein Wein sein lassen, und den Kunden ihre persönlichen Vorlieben zugestehen – ohne beispielsweise ein optimales Trinkdatum vorzuschreiben!"

Einer mag die Weine eben jünger, der andere reifer. Von seiner durchaus fundierten Management-Ausbildung kann er heute Parallelen zum Weinmachen ziehen. Da galt früher noch der Grundsatz der Rationalität, wenn Entscheidungen zu treffen waren. Heutzutage wird vermehrt der Bauch „befragt" – und genau so verhält es sich beim Wein: mehr Bauch, weniger Kopf, so soll es sein im Hause Skoff, Master-Titel hin oder her!

Erwin Sabathi

Weingut Erwin Sabathi

Pössnitz 48
Leutschach
www.sabathi.com

Fernab vom Schuss, weitab von der geschäftigen Weinstraße und noch einmal abseits des schmucken Örtchens Leutschach liegt ein Weingut mit einem großen Namen, in das die wenigsten Besucher rein zufällig „hineinschneien". Zu Erwin Sabathi kommt man ganz gezielt, um feine Tropfen zu verkosten und einzukaufen – oder um ein schönes Beispiel südsteirischer Weinarchitektur zu bewundern. Die Ecke mag entlegen sein, die Anschrift trägt jedoch einen Namen, der unter Weinkennern einen guten Klang hat – nämlich Pössnitz. Für alle, die es nicht so genau wissen: der Pössnitzberg firmiert als eine der besten Lagen der Südsteiermark, dessen steile Hänge südlicher Ausrichtung mineralische, dichte Weine von besonderer Langlebigkeit hervorbringen.

Das auffällige Keller- und Präsentationsgebäudes ist imposant, modern, aber zeitlos, und es fügt sich mit seiner schlichten, langgezogenen Holzfront harmonisch in den Weinberg ein. Doch der Bau lehnt sich nicht an den Berg an, vielmehr drängt er sich in ihn hinein. Die Produktionsräume, wo Pressen, Abfüllanlagen, Keller voller Stahltanks und klinisch saubere Räume voller Holzfässer untergebracht sind – sie verschwinden im Berg und werden ein Teil von ihm. Die Verkaufsräume freilich, die atmen den Himmel und die Landschaft, die streben ans Licht, ins Grüne und zu den nahen Streuobstwiesen. 2004 wurde der Bau begonnen, ein befreundeter Architekt namens Igor Skacel hat ihn für die Sabathis maßgeschneidert und prompt haben sie damit den wichtigsten Architekturpreis der Steiermark gewonnen.

Das traditionelle Stammhaus liegt etwas versetzt auf der anderen Straßenseite. Die Mutter von Erwin Sabathi vermietet dort Zimmer, und es ist noch nicht allzulange her, da gab es auch noch einen Buschenschank. Sehr wohl lange her ist jene Zeit, da es noch Kühe gab, als aber der älteste Sohn Erwin das elterliche Gut übernahm, mussten die Rindviecher weichen – denn er hatte nur mehr den Wein im Sinn.

Wie man Wein macht, konnte Erwin schon bei seinem Vater sehen, bereits der Großvater hat Sauvignon gekeltert, der damals Muskat Sylvaner hieß und als „Sorgenbrecher" auf den Markt kam.

Als Familienbetrieb funktioniert das Unternehmen perfekt, der Vater hilft mit, wo er gebraucht wird, und die beiden Brüder haben Schlüsselfunktionen bei der Bewirtschaftung der Weingärten – dafür ist Gerd zuständig – und in der Administration übernommen, letztere ist Christophs Aufgabe. So viel Familienkompetenz kann das Weingut gut brauchen, ist es doch in der Zwischenzeit ordentlich gewachsen. Erwin selbst ist inzwischen der Reihe der „Blutjungen" entwachsen, dafür ist er ein Wilder geblieben, der sich von niemand seine Linie vorschreiben lässt, und der mit seiner Meinung nicht hinterm Berg hält, auch wenn er damit gegen den Strom schwimmt. An Rebflächen wurde enorm aufgestockt, besonders die Strategie, eng mit Vertragspartnern zusammenzuarbeiten, die die Weingärten zu 100 % im Sinne der Sabathis bewirtschaften, hat das Anwachsen zu einer stattlichen Betriebsgröße ermöglicht. Für Erwin birgt dieses Konzept nur Vorteile, da es sich bei den Partnern in erster Linie um fachkundige Vertrauenspersonen, meist Nachbarn, handelt, mit denen man in engem Kontakt steht. „Außerdem sparen wir dadurch Personal und es gibt nur einen verantwortlichen Ansprechpartner. Auch im Weingarten sind wir so extrem flexibel, wenn die Witterung es erfordert."

Richtig gute Flächen sind heute kaum noch zu bekommen, geschweige denn zu einem vernünftigen Preis, weshalb dieses Konzept

für die Sabathis die einzige Chance zu wachsen darstellt. So verändert sich auch die Struktur der Weinbaubetriebe, viele, die früher groß waren, gibt es heute nicht mehr oder sie werden von jemand anders bewirtschaftet, etwa das Weingut Tscheppe, unter der Führung der Brüder Polz.
Einige der besten Tscheppe-Parzellen am Pössnitzberg hat sich Erwin Sabathi gesichert – wenngleich er darauf hinweist, dass Pössnitzberg nicht gleich Pössnitzberg ist, schließlich ist die Katastralgemeinde Pössnitzberg groß. Bei Weitem nicht alles stellt eine gute Lage dar, da muss schon unterschieden werden!
Außer der Paradelage Pössnitzberg haben die Sabathis noch den Jägerberg und Lagen am Poharnig im Repertoire. Ganz klar, dass die gesamte steirische Sortimentspalette im Programm ist, vom Junker über den beliebten, leichten „Sabathini" bis zum großen Sauvignon blanc. Wer in den Genuss einer Verkostung kommt, vom eloquenten Meister selbst kommentiert, der kann viel erfahren über seine Einstellung zu Wein und Weinmachen. Das Kapitel Hefe, zum Beispiel, ist ein überaus ergiebiges. Die vielerorts übliche Reinzuchthefe ist für ihn ein Mittel zur Uniformierung des Weines, schlechte Lagen werden kaschiert, Gleichförmigkeit ist vorprogrammiert. Ob wir schon mal einen Hauch von Essiggurkerl am Wein wahrgenommen hätten? Dahinter steckt eine dieser gängigen, gleichmachenden Hefen, die der Kenner sofort ortet. Nichts für einen Erwin Sabathi, der aber – in Kombination mit entsprechendem Schnitt im Weingarten – schon damit experimentiert hat und prompt (und für ihn wenig überraschend) einen Landessieger eingefahren hat. „Dies hat nur bestätigt, wie die Dinge halt so laufen im Lande ...", meint der Querdenker.
Jedenfalls, mit oder ohne Prämierung – der renommierte Weinmacher geht lieber seinen eigenen Weg. Und er ist froh über das Engagement der Bio-Weinbauern, weil sie anfingen, den üblichen Umgang mit der Hefe in Frage zu stellen. Selbst hat er, gemeinsam mit einigen Vertretern der neuen Winzergeneration, in die Bio-Thematik im Zuge eines entsprechenden Kurses hineingeschnuppert.

Fazit: Die Schulung war ihm Bestätigung für einige Methoden, die ihm vertraut sind und die er bereits anwendet – denn auch bei Erwin Sabathi geht die Marschrichtung immer mehr Richtung naturnahen Anbau, dazu muss nicht „bio“ am Etikett stehen.
Bei Sabathis wird eigenes Rebmaterial verwendet, Spontangärung soll Ernte und Lage deutlich zum Ausdruck bringen, die Weine vielschichtig und nicht vordergründig werden lassen. Dabei unterstützt das Holz: „Dieses öffnet den Wein, während der Stahltank – der z. B. bei der Klassik-Linie seine Berechtigung hat – zumacht. Jeder große, hochwertige Wein kommt ins Holz!“ So sprach's der Meister. Sogar der Morillon der Klassik-Linie geht ins Fass, die Lagenvariante ins Barrique. Der Chardonnay/Morillon, den die Steiermark in ausgesprochen salziger Ausprägung liefern kann, hat es ihm ohnehin angetan. Für den steirischen Erfolgswinzer der mittleren Generation ist er die größte Rebsorte weltweit, die Sorte, die Terroir am besten umsetzen kann und im Holz gut herauskommt. „Für meine Begriffe wird sie in der Steiermark leider teilweise etwas zu sehr verkitscht.“ Deshalb darf für Sabathi auch der einfache Chardonnay anders schmecken als typisch steirisch, und die anspruchsvollere Linie zeigt sich „fett, üppig, voluminös, dabei mineralisch und straff“.
Konsequenterweise werden auf diesem Weingut die Chardonnay-Anteile künftig weiter erhöht werden, wofür die Top-Lagen gerade gut genug sind. Besonders ausdrucksstark zeigen sich die Morillons der Linie Merveilleux, der Paradelinie des Hauses, die nur aus den besten Fässern der besten Lage Pössnitzberg gespeist wird. Die „Wunderbaren“ reifen 12 Monate im Barrique, danach wandern sie in den Stahltank oder ins große Holz. Und hier findet es sich wieder, das Salzige, Mineralische, auch leicht Kreidige, das der Opak des Pössnitzbergs den Trauben mit auf die Reise gibt – Terroir pur.
Nicht, dass der Sauvignon in diesem Haus zu kurz käme, es gibt ihn in mehreren Linien: als Klassik, als Poharnig, und als Pössnitzberg. Und das Flaggschiff des Hauses schlechthin ist ein „Sauvignon Merveilleux Pössnitzberg“ aus den besten und ältesten Lagen, dessen Rebstöcke ehrwürdige 32 Jahre auf dem Holz haben.

Hannes Sabathi

Weingut Hannes Sabathi

Kranachberg 51
Gamlitz
Tel. 03453/2900
www.sabathi-weine.at

Wenn man von den „jungen Wilden“ unter den südsteirischen Weinbauern spricht, dauert es nicht lange, bis der Name Hannes Sabathi fällt. Obwohl, er steuert auf den Dreißiger zu, und die wildesten Jahre, den Wein betreffend, hat er hinter sich. Jene Jahre, in denen er „phasenweise ein bisschen übertrieben“ hat mit der eigenen Linie, wie er selbst sagt.
Auf seinen Namen stößt man besonders dann, wenn man sich bei den renommiertesten seiner Weinbauern-Kollegen umhört. Auf der Suche nach Weinen, die Terroir widerspiegeln und einen eigenständigen Charakter haben, führt mittlerweile kein Weg mehr am Sabathi vom Kranachberg vorbei. Mit steigendem Bekanntheitsgrad sollten die Verwechslungen mit seinem Cousin, dem „großen“ Erwin Sabathi in Leutschach, bald aufhören. Hat jener ein Weingut von beachtlicher Größe und bemerkenswerter Architektur, spielt sich bei Hannes alles etwas kleiner und bodenständiger ab. Das Familiengut, das aus dem Jahre 1860 datiert, ist so urig und ursprünglich wie anno dazumal, der Verkostungsraum gemütlich und klein.
Die allerbeste Gelegenheit zum Verkosten der Weine bietet aber der ausgezeichnete Buschenschank, dessen Qualität und hingebungsvolle Führung durch den „guten Geist“ Silvia Rothschädl und der Frau Mama sich nicht nur vor Ort, sondern bis zu Falstaff herumgesprochen hat.
Nur zurechtfinden muss man sich, heroben am Kranachberg. Man kommt gezielt – aber der Abstecher lohnt sich und in der Nähe gibt es noch einige andere Stationen, die einen Besuch wert sind.

Auf den ersten Blick sieht man Hannes den Wein-Revoluzzer gar nicht an – dafür wirkt er einfach zu nett. Bei aller Freundlichkeit hat er trotzdem seinen eigenen Kopf beim Weinmachen. Ihn interessieren Weine, die erkennen lassen, wo sie gewachsen sind, in welchem Jahr, unter welchen klimatischen Bedingungen, und er träumt von einem Wein, der 15 oder 20 Jahre lagerfähig ist. Der gefällige, einheitliche Wein, der den allgemeinen Publikumsgeschmack trifft und leicht verkäuflich ist, nein, das ist sein Ding nicht. Natürlich, ganz ohne Kompromisse zwischen der Produktionsmenge, rasch verkaufsbereiter Ware und dem Wunsch, lange auszubauen und zu lagern geht es auch hier nicht. Mit Kompromissen muss man schon im Weingarten umgehen – eine Entscheidung beeinflusst die nächste, Stockdichte, Düngung, Schnitt, alles hat seine Wirkung auf Ertrag und Qualität.
Das Ergebnis ist allerdings kompromisslos. Ein angesehener Schweizer Weinjournalist geriet beim Sauvignon blanc Reserve 2006 regelrecht ins Schwärmen: „... ein Nonplusultra an Eleganz auf der nach oben offenen Sauvignon-Skala, komplex, vielschichtig und das pure Gegenteil jener aufdringlich parfümierten Nase, welche die Sorte auf zu fetten Böden und bei liebloser Vinifikation schon mal zeigen kann. Sabathi ist einer der schönsten Sauvignons gelungen, die mir je untergekommen sind." Neben dieser Bewertung haben sich noch so einige andere Auszeichnungen angesammelt.
Die Gefahr der „Lieblosigkeit" besteht jedenfalls nicht, seinen 19 Hektar widmet sich der innovative Weinbauer mit aller Inbrunst. Dabei kann er auf ganz besondere Lagen zurückgreifen wie die Südlage des Jägerbergs, der mit der sandig-lehmigen Struktur und den kalkhaltigen Böden ideal für alle Burgundersorten ist. Die Kessellage des Kranachbergs verspricht mit ihrem sandigen Schotter frische und salzige Mineralik und prägt die Weine durch eine nervige, elegante Struktur. Vis-à-vis vom Weingut entsteht gerade eine neue Sauvignon-Anlage. Wer je Gelegenheit hatte, den Werdegang eines Weingartens mitzuverfolgen, wird sicherlich mit noch mehr Erfurcht dem Werk dieser Zunft begegnen – die Erdbewegungs- und Pflanzarbeiten auf den

extrem steilen Hängen sind schwierig und aufwendig. Bis es zur ersten Ernte kommt, dauert es ein paar Jahre, und einige Jahre mehr, bis richtige Spitzenernten erzielt werden können. Solche mit feinziselierten Weinen, die nicht mit purer Kraft protzen, sondern sich, ganz nach Sabathis Geschmack, nervig und fein präsentieren.

Sein fachliches Rüstzeug hat er sich übrigens in Silberberg geholt. Schon bald nach seinem Abgang überraschte er die ehemaligen Lehrer mit seiner äußerst ausgeprägten, individuellen Note, ganz und gar nicht à la „klassische Weinbauschule". Obwohl Hannes nicht auf eine Klassik-Linie verzichtet, deren Weine so fruchtig animierend und jung zu trinken sind, wie man das von der Steirischen Klassik eben erwartet. Die Lagenweine reifen lange und sanft in großen Holzfässern, der Genießer soll die Herkunft schmecken. Entweder vom Kranachberg, dessen typischer Stil sich in allen Sorten (Weißburgunder, Sauvignon blanc und Morillon) mineralisch, schlank, elegant und salzig darstellt, oder vom Jägerberg, dessen Grauburgunder mit eleganter Weichheit und Würze punktet. Der Ausbau im kleinen Fass bleibt der Linie Reserve und dabei dem Sauvignon und Morillon vorbehalten, die nur in großen Jahren von ausgewählten Stöcken am Kranachberg geerntet werden.

Ewald Zweytick

Ewald Zweytick Weine

Ratsch an der Weinstraße 102
Tel. 03453/7222
www.ewaldzweytick.at

Schade, dass man Wein nicht streicheln kann, meint Ewald Zweytick auf seiner Hompepage. Und, vielleicht noch charakteristischer für ihn, ein Spruch, den er den Iren abgeschaut hat. Sie sagen über ihren Whiskey: „Wir trinken, so viel wir können. Den Rest verkaufen wir." So ähnlich hält es auch der steirische Weinbauer – er macht den Wein, der ihm schmeckt. Und den Rest verkauft er.

Was seinen persönlichen Geschmack betrifft, bleibt allerdings vom gewohnten Bild des südsteirischen Weins wenig übrig, aber das kümmert den Ewald wenig. Die typisch steirische Linie produziert er jedoch parallel, für seinen Bruder Hannes und für dessen Buschenschank, der in Ratsch an der Weinstraße stets eine vorzügliche Jause aufzutischen weiß. Im Grunde ist sogar der Bruder „schuld", dass Ewald Weinbauer geworden ist, denn als dieser in die Politik ging, ließ Ewald seinen Broterwerb als Mechaniker in Graz sausen und tauschte die dicke Fabriksluft gegen die lebendige Frische der Weingärten. Bereut hat er diesen Schritt noch keine Minute, obwohl der Anfang nicht eben leicht gewesen ist. Zum Glück hatte der Quereinsteiger seinen Vater, der ihm zeigte, wo es im Weingarten lang geht, und gute Freunde, die zu den besten aller steirischen (und auch österreichischen) Weinmachern gehören, nämlich Luis Gross und Manfred Tement.

Deren Kompromisslosigkeit in puncto Qualität hat er sich gut abgeschaut, obwohl nicht auszuschließen ist, dass Ewald Zweytick in

manchen Dingen noch extremer handelt als seine Lehrmeister. So pfeift er etwa auf Bestimmungen und Vorschriften und bringt seinen „Don't Cry" als Bergwein auf den Markt, weil der eben in keine „Schublade" passt, dieser mächtige Sauvignon blanc, der bis zu 30 Monate in Barriques reift, und das noch dazu in neuen! Dass er geradezu verrückt ist nach Holz, darf man ruhig schmecken, alle seine Sauvignons kommen ins Fass. Dazu die Beschreibung des „Don't Cry" 2008 im Zweytick-Online-Shop: „Aromen nach reifer Ananas, auch Blutorange und gelber Paprika. Nach dem Dekantieren kommen das Rauchige von Tabakblättern und das Aroma wilder Kräuter zum Vorschein, unterlegt mit einem Hauch weißer Schokolade. Druckvoll, mit schönem Säurekern und beinahe salziger Mineralität verbinden sich alle Aromen am Gaumen."
Nebenbei bemerkt – der Wein bringt satte 14 Vol.-% Alkohol mit, sein Preis tendiert gegen 40 Euro und rangiert damit in der höchsten Preisklasse. Böse Zungen behaupten gar, dass die Bezeichnung des Weins, „Don't cry", mit dem Schmerzensschrei zu tun habe, der dem Käufer des Prachtgetränks unweigerlich entfährt, wenn er sein Geldbörsel zückt. Für Fans des einzigartigen Tropfens hingegen scheint jeder Cent gut investiert, denn liegen bleibt hier gar nichts, wie warme Semmeln verkaufen sich die teuren Flaschen. So landen sie unter anderem in der Spitzen-Gastronomie, etwa im „Tantris" in München oder im Wiener „Schwarzen Kameel". Und in Zürich verfügt der Zweytick über eine besonders begeisterte Anhängerschaft, die ihm seine Produkte förmlich aus der Hand reißt. Die Schweizer Insider warten außerdem auf das Ergebnis jener ganz besonderen Lese, bei der die Beeren jeder Traube einzeln gelesen werden: 60 % davon ist schon im Vorfeld ausverkauft.

Damit wird deutlich, dass auch Zweytick zur Riege jener Winzer gehört, deren Wein im Weingarten entsteht und nicht im Keller. Stets ist er einer der letzten, der seine Trauben von den Stöcken holt. Dafür stehen seine Weine gut im Alkohol, vor dem er keine Scheu hegt.

Der „Don't Cry" ist nur ein Beispiel, auch der Sauvignon der Klassik-Linie 2009 bringt es auf stolze 13 Vol.-% – dieser Winzer fängt dort an, wo andere aufhören.
„Grüne" Weine sind jedenfalls nicht das Seine, und von den Rebsorten liebt er Sauvignon blanc, Riesling und Pinot Noir – wobei die letzten zwei kein Thema für seine eigenen Lagen sind. Aber der Weinliebhaber hat 1200 Flaschen von den besten Tropfen der Welt in seinem Keller gelagert, um sie mit seinen Freunden zu verkosten und genießen.
Der Mann weiß also, wovon er spricht – und wovon er träumt. 16 Hektar hat er in Sulz und am Stermetzberg zu bewirtschaften, von der Riede Stermetzberg bringt er eine eigene Linie heraus, die neben dem Sauvignon auch einen Grauen Burgunder, einen Weißburgunder und einen Chardonnay umfasst, natürlich alle im Holz ausgebaut – diesmal allerdings im großen Holz.

Die guten Stücke sind schnell ausverkauft, auch weil der Ertrag in den vergangenen Jahren aufgrund der Wetterbedingungen nicht gerade üppig ausgefallen ist.

2008 haben ihn Hagelunwetter gar 60 % der Ernte gekostet. Das schmerzt natürlich, aber deswegen macht ein Ewald Zweytick noch lange keine Kompromisse.
Der Großteil seiner Kunden sind treue Stammkunden, für die ein Mal im Jahr im Hof der Zweyticks ein Riesenfest steigt, zu dem er exquisite Haubenköche einlädt und seine Weine kredenzt – der Reinerlös wird für einen guten Zweck gespendet. Bei Regen oder Sonnenschein, Freunde und Kunden (dabei scheint kein Unterschied zu bestehen) sind so sicher zur Stelle, wie Ewald Zweytick unerschütterlich seinen Weg weitergehen wird.

Markus Pongratz

Weingut Pongratz

Kranachberg 73
Tel. 03453/4477
www.pongratz.cc

War es der Gelbe Muskateller mit seinem feinen Bukett nach Holunderblüten und Muskat, der uns zuallererst bezauberte? Oder doch der Sauvignon blanc vom Kranachberg, der nach ein paar Jährchen im Keller immer „schöner" wurde? Vielleicht war es aber einfach das Anwesen als Ganzes, das damals seine geräumigen Bauernstuben für den Buschenschankbetrieb geöffnet hatte, und die unverkitschten bäuerlichen Zimmer, die stilsicher mit einem Nachttopf (natürlich nur als Dekoration!) unterm Bett ausgerüstet waren.
Einige Zeit ist seitdem vergangen, und einiges hat sich am Pongratz-Hof verändert. Zwar arbeitete Markus schon seit 1998 am väterlichen Gut mit, wo er für den Keller zuständig war, übernommen hat er es aber 2008, in jenem Jahr, als er mit seiner Sabine den Bund fürs Leben schloss.
Die einladenden Zimmer gibt es immer noch, der Buschenschank wird aber nur mehr für besondere Anlässe und Feiern geöffnet – etwa für Hochzeiten offenbaren sich die Stuben und das weite, ebene Grünareal vor dem Haus als atmosphärischer Veranstaltungsort.
Diesen haben seit dem Jahr 2005 auch einige Künstler für sich entdeckt und es ist zur Tradition geworden, dass hier die „Stubnblues Allstars" um Willi Resetarits zu gut besuchten Open-Air-Konzerten aufgeigen. Für manch einen liegt deren Höhepunkt beim Fussballspiel des FC Weinbauern um Markus Pongratz versus FC Stubnblues

mitsamt dem ganzen Resetarits-Clan. (Das letzte Spiel konnten die Weinbauern mit 4:1 zu ihren Gunsten entscheiden!)
Anlässlich der Veranstaltungsreihe kreierte der junge Winzer zwei passende Weine – den Chardonnay Kranachberg „Aus Sun und aus Reb'n" in starker Anlehnung an den Resetarits-Songtitel „Aus Sun und aus Reg'n" sowie einen Sauvignon blanc Kranachberg „No so vü".
In der Fachwelt findet Markus immer mehr Anerkennung, er ist zur nicht mehr wegzudenkenden Größe geworden. 2001 stellte er bei einer internationalen Weinverkostung in Ljubljana mit dem Sauvignon Kranachberg den Gesamtsieger. Die jüngste große Auszeichnung holte er sich mit seinem Sauvignon blanc 2008 Hochberg beim „Salon 2010", wo er gemeinsam mit dem Meisterwinzer Gross in der Kategorie der „10 Auserwählten" ausgezeichnet wurde.
10 Hektar Weingärten befinden sich hauptsächlich auf den Rieden am Kranachberg und dem Hochberg, auf sandigen Böden. Das Resultat sind bekömmliche, fruchtdominante Weine, die nicht zu üppig, sondern ausgesprochen trinkanimierend sind. Seine Weine sind keine alkoholischen Kraftprotze – dafür ist ihm die typische steirische Stilistik ein erkennbares Anliegen, die fruchtige, mineralische und sortentypische Weine hervorbringt. Harmonie ist gefragt, und „gekünstelt darf er keinesfalls sein, sondern ein ehrliches Produkt, dann hat der Wein Zukunft", meint der Silberberg-Absolvent, der sein Wissen an der HBLA für Agrarwirtschaft vertieft hat.
Seine Investitionen macht Markus Pongratz Schritt für Schritt, letzten Winter war der Keller dran, der nun eine solide Basis für die Arbeit liefert. Natürliches Wachstum ist genauso im Betrieb gefragt, nicht nur im Weingarten – was sich wiederum auf ein solides Preis-Leistungs-Verhältnis auswirkt, für das der Pongratz von seinen Kunden geschätzt wird. Zu ihnen gehören auch etliche Top-Gastronomen der Schweiz und Deutschlands, die österreichischen verstehen sich von selbst. Dennoch will Markus die gastronomische Vertriebsschiene auf ein gewisses Kontingent beschränken, schließlich muss er für seine Stammkunden genug Vorrat im Keller haben.

Die Leitsorte ist für den jungen Weinmacher der Sauvignon blanc, aber auch sein Gelber Muskateller ist ob der Leichtigkeit und animierenden Zitrusfrucht äußerst gefragt. Selbst in schwierigen Jahren, wie es beispielsweise 2010 war, rechnet Markus Pongratz mit bester Qualität, denn seine sorgfältige und aufwendige Arbeit im Weingarten macht sich dann erst recht bezahlt.

Daniel Jaunegg

Weingut Jaunegg

Eichberg-Trautenburg 160
Leutschach
Tel. 03455/6754
www.jaunegg.at

Wieder einer, den man sich merken sollte und der sich anschickt, zur Spitze der südsteirischen Winzer aufzuschließen. Wer zu ihm will, muss die nächste Umgebung der Weinstraße verlassen und sich Richtung Eichberg-Trautenburg aufmachen. Was durchaus kein Fehler ist, denn dem Besucher eröffnet sich eine ähnlich reizvolle, aber doch anders geprägte Gegend, in der die Dichte der Weingärten nicht mehr so hoch ist, die Anzahl der Wälder, Wiesen und Weiden – und Schafe – aber umso größer. Wenn die Lese vorbei ist, holen sich die Weidetiere in den Weingärten die letzten spätherbstlichen Leckerbissen. Früher im Jahr haben sie strengstes Eintrittsverbot – die zarten Knospen würden ihnen nur allzu gut schmecken.

Nach kurvenreicher Anreise taucht schließlich die markante Konstruktion des Jaunegg'schen Kellergebäudes auf, die schon zum Wahrzeichen geworden ist – obwohl der junge Weinbauer beziehungsweise seine Weine Extra-Publicity gar nicht nötig haben, spricht doch die Qualität für sich. Hinter seiner Person steckt die klassische Ausbildung in Silberberg und, wie einige seiner jungen Kollegen auch, hat er bei den Brüdern Polz eine lehrreiche Praxiszeit absolviert, für die er heute noch dankbar ist. „Dort", betont er, „gibt man den Jungen eine Chance und lässt sie selbständig agieren."

Zu Hause, im elterlichen Gut, arbeitete er zunächst gemeinsam mit dem Vater, seit 2002 ist er für die Kellerarbeit allein verantwortlich und hat sich mit dem neuen, avantgardistischen, aber zweck-

JAUNEGG
JAUNEGG

orientierten Kellergebäude die optimalen Arbeitsbedingungen geschaffen. Der Architekt, der hinter dem Entwurf des eigenwilligen Weinberg-UFOs steckt, ist Igor Skacel, der auch für die preisgekrönte Holzkonstruktion des Erwin Sabathi verantwortlich zeichnet.

Jetzt ist Daniel selbst so weit, einen Praktikanten in die aufregende Welt der Weinarbeit einzuweihen, und sein Wissen weiterzugeben, so wie er einst vom Erfahrungsschatz der älteren Weinbauern profitieren durfte.

Dass schon der Vater Gutes gekeltert hat, hat ihm beispielsweise dessen '97er Sauvignon blanc bewiesen, der sich erst kürzlich beim Verkosten fantastisch präsentiert hat – und der war kein Einzelfall!

Die Sauvignon blanc-Klone des Vaters hat der Junge selbst weiter veredelt, und diese Rebsorte ist, vor dem Muskateller, quantitativ die wichtigste des Weingutes.

Danach kommt der Welschriesling – erklärter Favorit vieler Besucher, die früher im familieneigenen Buschenschank eingekehrt sind. Wie bei so manchem der von der jüngeren Generation geführten Betriebe auch, hat dieser mittlerweile seine Pforten geschlossen. Gästezimmer hingegen sind weiterhin im Angebot des Jaunegg'schen Weingutes, und sie sind zweifellos eine willkommene zusätzliche Einnahmequelle.

Mit 8 Hektar gehört Jaunegg nicht gerade zu den Großen, dafür ist er stolz auf seine Lagen, von denen jene noch relativ junge, die direkt am Stammhaus liegt, den hübschen Namen Knily trägt. Die andere wiederum heißt erhaben „Schlossberg", weil sie sich beim Arnfelser Schlossberg befindet.

Dann erregt der „Muri" unsere Aufmerksamkeit, die Erzeugnisse mit dieser Bezeichnung rangieren bekanntlich unter seinen teuersten und bestbewerteten (der Falstaff hat ihm für den „Sauvignon blanc Muri 2008" beachtliche 94 von 100 möglichen Punkten zuerkannt, kaum schlechter bewertet wurden die „Chardonnay Muri").

Wie sich herausstellt, ist der „Muri" keine eigene Lage, die Bezeichnung leitet sich vom Hausnamen Koglmuri ab und steht für die besten Trauben des Jahres – und jene der besten Jahre, sodass es die Muris nur gibt, wenn die Trauben einen besonders hohen Reifegrad erzielen.

Hier, in Eichberg-Trautenburg, gibt es kaum eingetragene Rieden, die Riede Kaiseregg des Weingutes Strablegg-Leitner ist eine der wenigen. Was nicht bedeutet, dass der Boden und die Lage, die der nicht so fernen Koralpe etwas kühlere Komponenten zu verdanken hat, nicht gar Köstliches hervorbringen. Fein und kühl sind auch Aroma und Terroir, was dem Weinbauern sehr wichtig ist, das lässt sich nicht verleugnen.

Das Jahr 2010 hat den schnörkellosen Keller nicht ganz gefüllt, zu klein war der Ertrag, den das widrige Wetter übrig gelassen hat, wenn man auf die pure Qualität gesetzt und im Weingarten entsprechend konsequent gearbeitet hat. Dafür hat das dem Jungweinbauern eine ganz besondere Spezialität gebracht: am 4. November fuhr er eine Trockenbeerenauslese vom Chardonnay ein, ausgestattet mit der raren Kombination von 36 Grad KMW (Klosterneuburger Mostwaage) und einer beachtlichen Säurestruktur. Mehr als ein Barriquefässchen voll wird es wohl nicht werden, aber dafür etwas ganz Erlesenes ...

Auch in Richtung „bio“ hat er die Fühler ausgestreckt, denn wie viele neugierige Weinbauern der jüngeren Generation hat auch er einen Bioweinbau-Kurs absolviert und profitiert von dem neuen Wissen, ohne deswegen auf 100 % biologisch umzustellen. Bevorzugt holt er sich aus dem großen Wissensfundus, was zu ihm passt und was er brauchen kann.

Dem Rehwild scheint es ohnehin auch so zu schmecken – es macht sich nämlich im Frühjahr freudig über die Weinstöcke her und lässt sich, im Gegensatz zu den Schafen, nicht einmal vom Zaun abhalten. Das liebe Wild hat dabei ganz spezielle Vorlieben entwickelt – der Favorit mit 94 Punkten: feine Triebe vom Muskateller, Lage Knily!

Hartmut Aubell

Rebenhof

Ottenberg 38
Ratsch an der Weinstraße
Tel. 03453/25750
www.rebenhof.at

Ist der Hartmut Aubell nun ein „Zuagraster“ oder ein Einheimischer? Wahrscheinlich eine „g’sunde Mischung“ – einer, der nicht hier geboren ist, auch seine Eltern nicht, der aber die Sommer seiner Kindheit hier verbracht hat. Und zwar auf dem Gut, das schon seit 1924 seiner Familie gehört, die aus Leoben stammt und dort nach wie vor zu Hause ist. Der Rebenhof liegt in der Gemeinde Ratsch, direkt an einem der ältesten Streckenabschnitte der Weinstraße, und sticht mit seinen repräsentativen Gästehäusern mit Tennisplatz und Schwimmbad, den so genannten Moarhäusern, schon beim Vorbeifahren ins Auge. Er ist eine beliebte Einkehr auch für größere Gesellschaften, wo in den atmosphärischen Gewölben des alten Kellers ausgiebig gefeiert werden kann.
Der schlicht-moderne, aber stilistisch doch angepasste neue Weinkeller mit gut durchdachten drei Arbeitsebenen liegt nur einen Steinwurf entfernt auf der anderen Straßenseite, so, als wolle er von dem geschäftigen touristischen Treiben ein wenig Abstand halten. Schon seit 1988 gehören die Gästezimmer zum Betrieb, die für die damalige Zeit und angesichts der Abgelegenheit einen erstaunlichen Komfort aufzuweisen hatten. Zurückzuführen war das auf den Einfluss der Mutter, die – aus der Stadt Salzburg stammend – einen Schuss Modernität und Weltoffenheit an die steirische Südgrenze mitbrachte. Ein eigenes Schwimmbad vor der Haustüre, dazu noch knallbunte Sonnenschirme ... Da hatten die Nachbarn einiges zu staunen.

Den Verwöhnfaktor bieten die Moarhäuser nach wie vor, nur kümmert sich Hartmut nicht mehr selbst darum, denn das Zimmervermieten hat er aus der Hand gegeben. Er konzentriert sich bevorzugt auf den Wein, in den er all seine Zeit, seine Kraft und sein Wissen investiert. Schließlich „schupft" er die 10,5 Hektar allein und nimmt nur bei Bedarf, etwa in der Lesezeit, die Hilfe von externen Kräften in Anspruch. Einst gehörten Besitzungen in Slowenien zum Rebenhof, die aber wie bei vielen anderen auch verloren gingen. Heute liefern Rieden am berühmten Ratscher Nussberg und am Witscheiner Herrenberg die Trauben für die Rebenhof-Weine. Ursprünglich wurde der Betrieb von Verwaltern bewirtschaftet, ab 1993 übergab die Familie dann die Weinproduktion an die Brüder Polz. Erst 2008 nahm der junge Aubell die Geschicke des Weingutes selbst in die Hand. Sein Ausbildungsweg weicht allerdings vom üblichen Werdegang eines Weinbauern etwas ab: Weinbauschule? Fehlanzeige! Vino-HAK oder BOKU vielleicht? Nein, nichts von alledem steht in seinem Curriculum, dafür aber ein Quereinstieg mitten in die Realität des Weinmachens und zwar bei erstklassigen „Lehrern".

Hartmut Aubell war bei Knoll in der Wachau, bei Meistern an Saar und Mosel, zwei Jahre in Frankreich am Château L'Hermitage in St. Emilion und, als Krönung, absolvierte er ein Praktikum beim Guru des Sauvignon blanc, dem Meister aller Meister, bei Didier

Dagueneau an der Loire. Der junge Steirer gibt heute schmunzelnd zu, sich der Dimension seines Lehrmeisters nicht wirklich bewusst gewesen zu sein, als er sich bei diesem, über die Vermittlung eines bekannten Weinhändlers, um eine Stelle bewarb. In erster Linie war es ihm darum gegangen, in einem richtigen Familienbetrieb zu arbeiten, der Weine machte, die ihm auch richtig gut schmeckten!
Nun, sein guter Geschmack führte den Burschen mitten in den Sauvignon-Himmel, zu einem strengen Lehrmeister, der sich durch sein überragendes Gespür für Wein auszeichnete und außerdem extrem konsequent arbeitete. Von den Mitarbeitern erwartete Dagueneau absolute Präzision und hundertprozentigen Einsatz: „Geschenkt wurde einem da nichts!", erinnert sich Hartmut. Was so nicht ganz stimmt, denn nach Abschluss seiner Lehrzeit hat ihm der Meister einige seiner begehrten und überaus kostbaren Tropfen mit auf seinen Heimweg gegeben. Das spricht für Zufriedenheit mit seinem Praktikanten aus Österreich! 2006 war der Jahrgang, an dem Aubell mitarbeitete, diesem Jahrgang wird er eines Tages wohl besondere Aufmerksamkeit schenken. Bedauerlich nur, dass der – auch in seinem Freizeitverhalten extreme – Dageneau 2008 bei einem Absturz mit seinem Ultralightflieger ums Leben kam ...
Zu Hause, in der Steiermark, produziert Aubell natürlich das klassische steirische Sortiment, inklusive Grünem Sylvaner und Müller-Thurgau und einem Altsteirischen Mischsatz, der von einer Anlage aus den 1940er-Jahren stammt. Den größten Anteil hat – ein weiteres Mal – der Sauvignon. „Der passt gut hierher", meint der Winzer, „und auch vom Bekanntheitsgrad tut man sich leichter mit ihm, er wird für die Gastronomie immer wichtiger."
Seiner Ansicht nach würde es jedoch nicht schaden, die Vielfalt der Rebsorten zu forcieren, vor allem vom Morillon könnte man gut mehr brauchen. Seine Weine sehen kein Barrique, nur größere Fässer von einem Fassbinder aus dem Ybbstal stehen im Keller – denn das Geld gibt er lieber „zu Hause" aus und Barrique kommt für ihn schon aus Gründen der Nachhaltigkeit und des Preises nicht in Frage.

Voll Bewunderung spricht er allerdings von Kollegen, die den Umgang mit dem kleinen Eichenfass meisterhaft beherrschen – wie Manfred Tement, der für ihn das beste Gespür im Umgang mit dem Holz hat. (Dafür sieht er in Willi Sattler den König der Sauvignons!) Mit Reinzuchthefe arbeitet er nur wenig und, auch wenn es dabei Ausfälle gibt, er setzt meist auf Spontanvergärung. Von dem starren Kontrollgefüge fühlt er sich manchmal eingeengt, wie man es von einigen hört, die sich nicht gerne in ein Schema pressen lassen wollen.

Also verkauft er den einen oder anderen Wein, der die Prüfnummer nicht schafft, als Berg- oder Landwein. Zwar keinen Deut schlechter, lässt er dafür genau jene Kreativität und individuelle Entwicklung zu, die der junge Weinbauer manchmal in der Südsteiermark vermisst.

Uniformität ist jedenfalls nicht sein Stil, auch wenn es leichter wäre, diesen Weg zu beschreiten und es daher viele gibt, die mitziehen.
Noch erwähnt werden sollte eine Spezialität, nämlich der seltene Strohwein, außerdem feine Auslesen, die natürlich nur in besonders guten Jahren gekeltert werden. Und dann gibt es noch Saures – aus Trauben und diversen Obstsorten: aus Apfel, Quitte und Weißwein entsteht ein feiner Essig, aus grün geernteten Trauben der begehrte Verjus. Hartmut empfiehlt den sauren Saft nicht nur als Würzmittel in der Küche, sondern, zur Abwechslung, als sommerliches Erfrischungsgetränk mit Soda!
Fast selbstverständlich, dass das gute Obst des Hofes ein weiteres Verwendungsgebiet findet – mit Umweg über die Familienbrennerei in Leoben gelangt es auch als Destillat in die Flasche.

Wolfgang Maitz

Weingut Maitz

Ratsch an der Weinstraße 45
Tel. 03453/2153
www.maitz.co.at

Den Namen Maitz sollte man sich aus mehreren Gründen einprägen: erstens wegen des feinen Rebensaftes und, zweitens, falls ein ausgedehnterer Ausflug auf dem Programm steht. Bei Familie Maitz stimmt nämlich nicht nur die Qualität der Weine, sondern sie bietet auch zum Schlafen und Schmausen Außergewöhnliches. Aber, so wird der Juniorchef Wolfgang nicht müde zu betonen, der Wein ist und bleibt die Hauptsache! Einen guten Ruf hat er sich erarbeitet, der junge Wolfgang, der ein Silberberger Jahrgangskollege von Daniel Jaunegg und Hannes Sabathi ist – allesamt rasant auf der Überholspur.

Seit 1957 ist das Weingut, die so genannte Haindl-Hube, in Familienbesitz, doch mit Wein hat sich der Großvater viel länger beschäftigt, hatte er doch in Slowenien einen Bauernhof, auf dem er schon Wein angebaut, aber dann, wie so viele, alles verloren hat.

Am romantischen Schloss Kapfenstein, bei Winkler-Hermaden, war er Verwalter, aber irgendwann wollte der Opa wieder selbstständig sein und so kam es, dass er sich an der Weinstraße ansiedelte, die zu dem Zeitpunkt gerade erst seit zwei Jahren bestand. Natürlich war die Landwirtschaft eine gemischte, mit ein paar Kühen, Feldern, Obstbäumen und eben Weingärten, so wie es damals üblich war, aber bald kamen auch Gästezimmer und ein Buschenschank dazu. Im Grunde nicht viel anders als heute: Wein, Essen und Schlafen – nur war alles noch etwas bescheidener. Das Anwesen wurde im

Laufe der Zeit immer größer und stattlicher. Der Keller wurde neu gebaut, das Gästehaus und die Winzerzimmer renoviert – 2005 war das Speiselokal an der Reihe, 2010 das Presshaus. Dazu wurde der großzügige Präsentationsbereich geschaffen, gleichzeitig der lichtdurchflutete Verkostungsraum im ersten Stock mit der spektakulären Aussicht, der auch als „inspirierender" Seminarraum genutzt wird.

Dazu hält die Familie Maitz 12 Winzerzimmer und 5 Suiten für ihre Gäste bereit, Platz genug für eine ganze Gesellschaft. Viel zu tun

also für die Geschwister der heutigen dritten Generation, und nicht minder für die höchst aktiven Senioren Maria und Hans Maitz.
Die Vorzüge des ausgesprochen schönen Plätzchens hoch über den Weingärten vom Schusterberg werden zweifellos bestens genützt. Vom Gastgarten hat man ohnehin freien Blick auf die um- und darunterliegenden, prachtvollen Weinberge, gleich gegenüber befinden sich der berühmte Nussberg und das Weingut von Alois Gross, aber auch im Haus selbst ist die Landschaft nahezu omnipräsent.
Trotz des designten Speiselokals kann man immer noch einfach auf eine Jause oder ein original Sulmtaler Backhendl höchster Güte vorbeikommen und, natürlich, glasweise die feinen Weine vom Juniorchef verkosten – es hat ja nicht jeder und immer Lust auf Zwiebelrostbraten und Forelle Müllerin, die unter anderem auf der ansprechenden Speisekarte stehen (die übrigens auch von einem Familienmitglied gestaltet wird, nämlich von der als Grafikerin arbeitenden Tochter Magdalena).
Dennoch, bei all den Herrlichkeiten steht stets der Wein im Mittelpunkt. Es wird auf eigenen 10 Hektar Wein angebaut, dazu kommen die Trauben von 5 Hektar Vertragswinzern aus Grubtal, aus Glanz und vom Kranachberg. Zu ihnen hat Wolfgang Maitz „blindes Vertrauen", wie er sagt – alles gestandene Weinbauern, die wissen, was sie zu tun haben. Außerdem erfolgt ständige Abstimmung, so dass am Ende die Traube „charismatisch" schmeckt, wie es Wolfgang Maitz auszudrücken pflegt. Die Eigenlagen heißen Hochstermetzberg, Schusterberg, Krois und Kogelberg, 30 % der Ernte wird als Lagenwein ausgebaut. Auch beim Maitz hat man sich das Streben nach der Lagerfähigkeit an die Fahnen gehaftet – sie sollte neben der Herkunft und dem Trinkspaß das dritte unverzichtbare Merkmal guten Maitz-Weines sein.
Die Angebotspalette umfasst darüber hinaus den Welschriesling, obwohl es diesem bekanntlich an einer würdigen Alterungsfähigkeit mangelt, aber er gehört einfach dazu, genauso wie der Junker, der eine willkommene Überbrückung zwischen zwei Generationen von Weinen darstellt, wenn der alte Jahrgang ausverkauft oder

ausgetrunken ist und der neue noch im Keller reift. Der Sauvignon und der Muskateller rangieren ganz oben im Hause Maitz, zusammen mit den Burgundersorten. Wenn sie sich „nicht laut und vordergründig präsentieren, sondern sich erst auf den zweiten Blick oder, besser, Schluck erschließen", so ist das ganz im Sinne des jungen Weinmachers, der schon für seinen eigenen Stil bekannt ist.

Dabei gibt es kein Geheimrezept, keinen Trick, die eigene Prägung entsteht „automatisch", er legt Wert darauf, den Wein in seiner Entwicklung nur zu begleiten, nie zu steuern oder zu manipulieren.

Im Weingarten, wo Wolfgang senior für den Pflanzenschutz und die maschinelle Bewirtschaftung zuständig ist, Wolfgang junior für Stockerziehung und die Laubarbeiten, nähert man sich dem Zeitgeist entsprechend immer mehr dem biologischen Anbau. Im Keller schwört der „junge Wilde" auf Reinzuchthefen – aber ganz besondere: es werden nur Hefen eingesetzt, die der Spontanvergärung vom Ergebnis her nahe kommen, die also den Charakter des Weines nur „umsetzen, aber nicht überlagern oder beeinflussen".
Die Spontanvergärung, die viele Qualitätswinzer bevorzugen, ist jedenfalls nicht die von ihm bevorzugte Arbeitsweise – gleichzeitig ist er, wie Wolfgang Maitz betont, voller Anerkennung für jenen Weg, so wie für alles, was rein und ehrlich gemacht ist.
Die Lagenweine werden bei ihm von einem halben bis zu zwei Jahre gelagert, bevor der Kunde sie als trinkfertiges Produkt erstehen kann. Die Weingenießer müssen eben erst an die Tatsache herangeführt werden, dass steirische Weine, oder zumindest ganz bestimmte, nicht nur sehr jung zu trinken sind, sondern durchaus die Chance bekommen sollten, zu edlen Tropfen heranzureifen und ihren Höhepunkt zu entwickeln. Auch wenn es noch so schwer fällt, die Flaschen daheim erst einmal in den Keller zu schlichten ...

Von der Bio-Idee und ihren Freunden

Beim Kirchenwirt in Leutschach, in dem „T.O.M am Kochen" ist, geschah es, dass wir erstmals Bekanntschaft mit einem reinrassigen Bio-Tropfen machten. Einer von Tscheppe und einer von Muster waren die Protagonisten für die Kehlen unserer Runde, die zuvor mit „bio" nichts am Hut gehabt hatten.

Schon beim ersten Schluck war klar, dass man sich von herkömmlichen Geschmacksansprüchen verabschieden muss, will man sich mit diesem reinen Getränk anfreunden. Auf der Stelle schließt man vermutlich keine Freundschaft mit dem Biowein, aber langfristige Beziehungen entstehen schließlich selten über Liebe auf den ersten Blick ...

Jedenfalls, diese Tropfen waren Anlass genug, die Riege der Naturbelassenen einmal genauer unter die Lupe zu nehmen, umso mehr als wir uns hier auf den Spuren von Winzerpersönlichkeiten befinden, die ihre sehr konkreten eigenen Vorstellungen von Wein haben – und diese auch in die Tat umsetzen. Also, auf zum Bio-Weinbauern!

In der Südsteiermark, rund um Leutschach, hat sich ein Grüppchen Weinbauern dem Bio-Gedanken verschrieben. Seit mehr als 10 Jahren beschäftigen sich die wagemutigen Pioniere damit, wobei sie anfangs ganz auf sich allein gestellt waren und Informationen lediglich aus schriftlichen Dokumentationen innovativer Bioweinbauern aus Frankreich, Deutschland und dem Burgenland bezogen.

Thomas Menhard, Gitta Rupp und der ehemalige ORF-Redakteur Dieter Dorner gehörten zu diesen ersten Mutigen, die sich entschlossen, beim Weinbau einen anderen, natürlicheren Weg zu beschreiten. Inzwischen haben sich mehr und mehr Weinbauern zum konsequenten Bioweinbau bekannt, fünf von ihnen haben sich unter dem Aufhänger „Schmecke das Leben“ zu einer Gemeinschaft zusammengeschlossen, um ihren Produkten besser Gehör zu verschaffen. Darunter das Weingut Alice und Roland Tauss, das Weingut Maria und Sepp Muster in Leutschach, Strohmaier in Stainz und die beiden Tscheppe-Brüder (www.schmecke-das-leben.at).

Das südsteirische Klima mit seinen hohen Niederschlagswerten macht den Biobauern das Leben aber nicht einfach – viele, die sich für den biologischen Anbau interessieren, haben vor einer endgültigen Zertifizierung zurückgeschreckt: Wo viel Feuchtigkeit, da viele Pilze. Wo viele Schädlinge, wird es schwierig mit bio pur – vor allem auch logistisch, wenn im Weingarten mitunter raschest reagiert werden muss. Da fehlen oft Mitarbeiter und Maschinen, um

gleichzeitig eine Vielzahl von Hektar – oft in steilen Lagen – nach einwandfreien biologischen Richtlinien zu bearbeiten.
Dennoch, es klingt bei allen Top-Winzern ein wenig durch: Das Interesse ist groß, einige von ihnen haben bereits Bioweinbau-Kurse absolviert und fast alle nähern sich in Weingarten und Keller zunehmend an den biologischen Anbau an. Manche sehen sich in ihren bisherigen naturnahen Methoden bestätigt, die sich in der Bio-Lehre wieder finden, andere greifen Neues auf und picken sich heraus, was zu ihnen, ihrem Credo und ihren Möglichkeiten passt.
Zu 100 % auf biodynamischen Anbau setzt nur eine Handvoll mutiger und opferbereiter Weinbauern, denn es ist kein leichtes Brot, das sich diese „Glaubensgemeinschaft" erarbeitet: Ausfallrisiko und lange Reifezeit, dazu ein ganz anderer Typus von Wein, an dessen Geschmack sich ein Freund des „klassischen" steirischen Weines erst gewöhnen muss. Doch was heißt denn nun eigentlich biologisch?

„Bios" legen Wert auf einen Boden, in dem es vor Leben nur so wimmelt. Das heißt ein vielfältiges Grün mit ebensolcher Vielfalt an Insekten in der Weinzeile, kein Herbizideinsatz und alternierendes Mähen und Bodenbearbeitung.

Um das Spritzen kommen auch die Biobauern nicht herum, doch geschieht dies in erster Linie mit Pflanzenstärkungsmittel und erst in zweiter Linie mit – stark begrenztem – Kupfer- und Schwefeleinsatz. Auch im Keller braucht die Bio-Traube einen anderen Zugang als bei der konventionellen Ausbauweise. Meist kommt in diesen Weinen die Lage stärker zum Ausdruck, sie sind bekömmlich, lagerfähig und im Geschmack vielschichtig. Und sie brauchen jede Menge Zeit, um zu reifen.

Ewald Tscheppe

Weingut Werlitsch

Glanz 75
Leutschach
Tel. 03454/391
www.werlitsch.com

Voilà, wir sind bei Ewald Tscheppe in Glanz bei Leutschach gelandet. Hat jemand behauptet, dass etwa Erwin Sabathi in Leutschach oder sein Cousin Hannes am Kranachberg weit weg vom Schuss seien? Dann sollte man für die Anreise zum Werlitschhof, in das Grenzland zwischen Glanz und Slowenien, einen noch dickeren Zeitpolster einplanen, obwohl der Hof in Luftlinie nur einen Katzensprung von der Weinstraße entfernt liegt. Hier, in der eher abgeschiedenen Gegend, ist alles etwas einfacher, bescheidener, keine Spur mehr von mondäner Gefälligkeit oder weinarchitektonisch anspruchsvollen Vorzeigebauten – fast, als wäre die Zeit stehen geblieben. Die Häuser, die Höfe und das Federvieh, das die schmalen Straßen bevölkert, weisen in eine andere Welt. Kein Designerschild kennzeichnet den Werlitschhof, dafür grast eine Herde Schafe auf der Weide vorm Haus und ein Haufen Kinderspielzeug dekoriert die Einfahrt. Hier ist also „bio" zu Hause!

Weit gereist sind sie, Brigitte und Ewald, dabei sind sie in Australien und in Neuseeland auf biologischen Anbau gestoßen – nicht unbedingt auf Wein bezogen. Ganz allgemein hat sie diese Materie fasziniert und seit damals auch nicht mehr losgelassen. Das war 1994, und bis am heimatlichen Weingut das erste Probejahr anlief, vergingen ganze 10 Jahre. Das geschah denn auch klammheimlich, und bedauerlicherweise ging das Experiment zunächst furchtbar daneben. Doch das Ehepaar ließ sich nicht entmutigen. Als der Vater

verstarb und Ewald den Betrieb übernahm, stellte er trotz des anfänglichen Misserfolgs ganz auf biologischen Weinbau um.
Mit seinem Bruder Andreas, der ebenfalls biologisch anbaut, teilt er nach wie vor den Keller, seine 9 Hektar bewirtschaftet er aber allein – und das seit 2008 als zertifizierter Demeter-Betrieb in aller biodynamischen Konsequenz. Denn eines war den Tscheppes von Anfang an klar: entweder Biowein – oder gar nichts! Wahrlich nicht der leichteste Weg, für den sie sich entschieden haben, aber sicherlich der authentischste. Wer einmal dort gewesen ist und Wein verkostet hat, der wird fortan das Glas Biowein mit einer anderen Einstellung betrachten und genießen.
Es geht den Bioweinbauern nicht um satte Gewinne, es geht ihnen um eine ausgewogene Balance bei dem, was Weinberge und Keller hergeben, sowohl in geschmacklicher als auch in wirtschaftlicher Hinsicht. Mit den Bio-Trauben muss man anders umgehen, sie brauchen beträchtlich mehr Zeit zum Reifen, weshalb Erwin Tscheppe naturgemäß viel in die Lagerhaltung investiert.
Erst 2010 kam der Jahrgang 2005 in den Verkauf – da liegt schon einiges an gebundenem Kapital im Keller, das andere längst in eine chice Hausfassade gesteckt hätten. Zwei Jahre braucht der Wein allein im Fass, denn „die Zeit macht den Wein, nicht der Winzer ...“, gibt uns Tscheppe mit auf die Reise. Und: Hier wird „bio“ nicht gemacht, hier wird es gelebt. Nicht das Etikett ist wichtig, sondern die Einstellung. „Erst jetzt geht die Rechnung langsam auf, fließt zurück, was wir investiert haben.“

Wie also schmeckt Biowein? Anders jedenfalls, soviel ist sicher. Ein neuer Weinstil kommt hier zum Vorschein. Am besten „versteht“ man den Wein, wenn man viel darüber weiß – und über den, der ihn macht.

Ewald Tscheppe baut seine Trauben bewusst nicht reinsortig aus, alle seine Weine sind Cuvées.

In den Weingärten wachsen vor allem Sauvignon und Morillon, dazu Welschriesling und Muskateller. In einem derart Sauvignon-orientierten Weinbauland wie der Südsteiermark hat sich natürlich eine gewisse Erwartungshaltung herauskristallisiert, wie ein Wein der Sorte zu schmecken hat. Von diesen Vorgaben wäre der Tscheppe-Sauvignon wohl weit entfernt – und damit wahrscheinlich bei den Weintrinkern durchgefallen.

Bei Cuvées hingegen sind allfällige Erwartungshaltungen von vornherein ausgeschaltet, man nimmt den Wein eher so wie er ist – und akzeptiert seine große Eigenständigkeit. „Ex vero“ nennt Ewald Tscheppe seine Wein-Linien, die es mit ansteigender Wertigkeit von „Ex Vero 1“ bis „Ex Vero 3“ gibt, dazu ein „Ex Vero Legoth“, ein gemischter Satz aus sechs Sorten, der zu den leichteren Vertretern im Repertoire gehört. Des Weinbauern eigene Beschreibung lautet so: „Ich bringe mit ihnen die Feinheit des Terroirs voll und ganz zum Ausdruck. Sie haben eine feine Säurestruktur, tiefe Frucht, aufgebaut auf Sekundäraromen und einer gesunden Gerbstoffstruktur. In der Jugend sind sie verhaltener, aber immer lieben sie es, belüftet zu werden und warm getrunken zu werden. Und sie sind tolle Speisenbegleiter!“ Aha. Aber am besten ist – man probiert sie einfach selbst! Und erst recht jenen ganz besonderen Wein, der zunehmend für Schlagzeilen sorgt, obwohl es sich bei seiner Entstehungsweise um die älteste Vinifizierungsmethode der Welt handelt: der Amphorenwein.

Auch bei Ewald Tscheppe ruht ein 600-Liter-Tongefäß, hergestellt von georgischen Meistern, bis zum Hals in die Erde vor dem Keller eingegraben. Nur eine Spielerei, meint er, nicht mehr als 2 % seines

Ertrags wandern in das außergewöhnliche Gebinde. Und die Amphore sei wie jedes andere Gefäß, die Frage ist nur, was passiert damit, was macht man damit ... Bei Ewald Tscheppe läuft das folgendermaßen ab: die Traubenmaische kommt in die Amphore, wo sie auf der natürlichen Weingartenhefe offen vergärt. Nach 6 Monaten wird der Inhalt gepresst und wieder aufgefüllt, bis das Endergebnis in eine standesgemäße Tonflasche abgefüllt wird – wo es sich natürlich noch weiter entwickelt.
2007 hatte er seinen ersten Amphorenwein, er ist immer noch sehr jung, kein Wein von vordergründiger Frische, sondern einer, der „aus seiner Mitte sprüht". 2008 ging daneben, 2009 bleibt für zwei Jahre im Keller beziehungsweise ein Jahr in der Amphore und ein Jahr im Fass. Das bereits zu verkostende Ergebnis schmeckt jedenfalls so bekömmlich wie kein anderer Wein, der Kopf wird nicht schwer und dumpf, sondern bleibt aufnahmefähig und hellwach. Die Aromen wandeln sich schnell, erst sind sie roh und wild, dann verändern sie sich zu einer feinen Würze. Ein bisschen wie eine Zeitreise, sagt Ewald Tscheppe. Und der Wein hält lange – „ewig" vielleicht? Wir werden es nicht erfahren, denn bis dahin sind wohl alle Flaschen längst ausgetrunken. Die Tester von Gault Millau sind jedenfalls überzeugt davon, dass der 2007er-Jahrgang der derzeit beste Vertreter dieser extravaganten Ausbauweise in Österreich ist!

Weitere Bio-Adressen:

Bioweingut Familie Knaus
Sulztal an der Weinstraße 8
Tel. 0664/73755303
www.biowein-knaus.at

Alice und Roland Tauss
Schlossberg 80
Leutschach
Tel. 03454/6715
www.weingut-tauss.at

Weingut Maria und Sepp Muster
Schlossberg 38
Leutschach
Tel. 03454/70053
www.weingutmuster.com
www.schmecke-das-leben.at

Literaturverzeichnis

„110 Jahre Weinbauschule Silberberg", mln medienverlag, 2005

Dominé André, „Wein", Verlag Könemann, 2004

Egle Klaus, „Der österreichische Wein — das große Handbuch", Pichler Verlag, 2007

Grüner Werner, „Sauvignon blanc", Weinritter Steiermark, 2009

Lantschbauer Rudolf, Barwirsch Sepp, „Sauvignon Blanc — Steiermark und der Rest der Weinwelt", Vinothek Verlag, 2008

Marktgemeinde Gamlitz, „Gamlitz — Geschichte und Gegenwart der Marktgemeinde", Eigenverlag, 2010

Schandoı Werner, „Steirisches Wein- und Hügelland", Falter Verlag, 2010

Schmidt Bernd, „Die südsteirische Weinstraße", Edition Winkler Hermaden, 2010

Strallhofer-Hödl Heidelore, „Mutter der Weinstraße trifft Höllerhansl", Unikum Verlag, 2005

Tinnacher Katharina, Fachbereichsarbeit aus Geographie und Wirtschaftskunde: „Der Tourismusort Gamlitz", 2004

Internetquellen:

www.weinritter-steiermark.at

www.steirischerwein.at

www.oesterreichwein.at

www.suedsteirischeweinstrasse.at

Unterbergla
Michlgleinz
Alte
bei Leib
Mitteregg
Greith
St. Andrä
im Sausal
(356)
S a u s a l
Demmerkogel
Höch
671
421
Hasreith
403
Reith
Kitzeck
im Sausal
Otternitz
Einöd
Pistorf
Maierhof
Fresing
(288)
Sulm
St. Martin im Sulmtal
(333)
Sulm
Mantrach
Wippelsach
Gleinstätten
(308)
458
424
Dietmannsdorf
im Sulmtal
Prarath
Mattelsberg
Welsberg
320
Gasselsdorf
Haslach
Burgstall
Nestelba
Brunn
417
Kleinklein
Großklein
321
ZW
Pölfing
Untergreith
Radiga
Narrath
Gündorf
(332)
Saggau
Kreuzberg
633
St. Ulrich
in Greith
Pitschgau
St. Johann
im Saggautal
316
Saggau
Wuggau
Bischofegg
Eichberg-
Kran
Haselbach
Unter-
-haag
Kitzelsdorf
Pößnitzbach
Eichberg
-Trautenburg
Oberhaag
Adelsdorf
Arnfels
(314)
Karnerberg
496
Krast
Leutschach
456
445
Maltschach
352
Sch
757
999
900
b e r g
Remschnigg
(Remsnik)
Zg. Kapla
664
Srsen
965